文通天下

突 破 认 知 的 边 界

看穿人格面具

荣格传

〔加〕加里·博布罗夫 著　刘芷岑 李逊楠 译

苏州新闻出版集团
古吴轩出版社

图书在版编目（ＣＩＰ）数据

看穿人格面具：荣格传 ／（加）加里·博布罗夫著 ；刘芷岑，李逊楠译. -- 苏州 ：古吴轩出版社，2024.6
书名原文：Knowledge in a Nutshell: Carl Jung
ISBN 978-7-5546-2327-5

Ⅰ．①看… Ⅱ．①加… ②刘… ③李… Ⅲ．①荣格（Jung, Carl Gustav 1875-1961）—传记 Ⅳ.①K835.226.2

中国国家版本馆CIP数据核字(2024)第057211号

责任编辑：顾　熙
见习编辑：胡　玥
封面设计：尚世视觉

书　　名：**看穿人格面具：荣格传**
著　　者：［加］加里·博布罗夫
译　　者：刘芷岑　李逊楠
出版发行：苏州新闻出版集团
　　　　　古吴轩出版社
　　　　　地址：苏州市八达街118号苏州新闻大厦30F
　　　　　电话：0512-65233679　　邮编：215123
出 版 人：王乐飞
印　　刷：天津鑫旭阳印刷有限公司
开　　本：880mm×1230mm　1/32
印　　张：6.75
字　　数：108千字
版　　次：2024年6月第1版
印　　次：2024年6月第1次印刷
书　　号：ISBN 978-7-5546-2327-5
著作权合
同登记号：图字10-2023-256号
定　　价：49.80元

如有印装质量问题，请与印刷厂联系。022-22458633

引言

卡尔·古斯塔夫·荣格（Carl Gustav Jung，简称C.G.或荣格），瑞士心理学家、精神病学家，医学博士。作为分析心理学的创始人，荣格被认为是20世纪知识界的巨擘之一。荣格一生著作颇丰，且都十分畅销，对西方文化产生了巨大的影响。

他的心理学关注心灵的内在体验，并且提出无意识的存在。我们的意识也是从无意识中产生的。我们会通过做梦或其他方式体验到无意识的存在，而无意识也为我们更好地了解自身和他人提供了一种途径。荣格显然是弗洛伊德的继承人，但是弗洛伊德强调性关系在无意识中扮演的角色，而荣格则观察到一种驱动心灵世界的更强大的动力——对意义的追寻。总的来说，荣格心理学可以理解为对意识和无意识两者之间关系的探究。直到今天，荣格心理学对分析心理学和其他领域的发展仍起到推动作用，并吸引了成千上万人参与讨论。

　　本书主要探究荣格以及时至今日仍然保持着影响力的荣格心理学。荣格心理学受到心理学分析师以及接受心理分析人士、心理治疗师及其病人，还有艺术家、电影制片人、作家、舞者、商业人士等的推崇。

　　荣格心理学关乎人并能够用之于人，是一种与我们的日常生活和梦境密切相关的心理学。同样，本书也旨在引导初学者入门，进入荣格心理学的世界。我们将继续探究荣格提出的基本概念，关注这些概念的实用性和在我们的文化中的体现方式。

　　今天，国际荣格社区在世界范围内迅速而有序地发展壮大。非英语国家民众对荣格心理学的兴趣也在超乎想象地不断提升。荣格

◎ 卡尔·古斯塔夫·荣格肖像。

和弗洛伊德二人的心理学理论在南美地区广受欢迎，大学会开设这两门心理学课程，他们的心理分析方式也得到了普遍运用。在亚洲，中国曾举办一场有近3000人参加的荣格心理学主题会议，韩国则有其自己的荣格研究院。值得一提的是，荣格的作品被韩国流行乐队进行了创造性的演绎，使荣格心理学有了令人耳目一新的发展。

荣格心理学之所以能够在全新的文化背景中继续获得追随者，是因为荣格的主要兴趣在于探讨心灵的整体性。

荣格能阅读古希腊文和拉丁文，还会说德语、法语、英语和其他语言。在非洲旅行时，荣格自学了斯瓦希里语（并多次与部落居民和巫师们谈论他们的梦境）。他是一位思想开放、对事物抱有纯粹的好奇心的学者。他曾收集很多古书和中世纪炼金术手稿。但是，关于荣格最值得一提的，或许是他真正地将人的内在生命视为一门学问来研究。

荣格认为内在健康需要内在工作的实践。他在很早以前便开始进行一项自我实验：通过绘画（荣格起初画的是曼陀罗）来完成自我治愈。久而久之，他发现这项实验有助于自己将更深层次的无意识状态显现出来。在荣格看来，将梦境或幻觉中的图像勾勒出来，能够让人与无意识建立联系。荣格更为认真地对待这些图像时，它们便会迸发出来，荣格将这项实验称为"与无意识的对抗"。《红书》(又称《新书》)中的图像所描绘的正是荣格的这段自我实验的经历。如果一个人能够仔细地阅读荣格的作品，那他一定会震撼于荣格对心灵世界的执着。艺术史学家吉尔·梅里克观察到，荣格在这段经历中将过程置于首位，并且强调直接的心灵体验。

荣格心理学是一门强调心灵体验的心理学。一开始，这种心灵体验让荣格感到不适——他不得不接受他不是其内心世界的主人这一事实。他相信，在这个存留深度未知的心灵生态系统中，我们的主意识占据中心地位，发出主要声音。荣格将无意识比作掀起惊涛骇浪的海洋，意识正于此诞生。意识表象之下隐藏着各种各样的情结，而情结有它自身的能量，有时它会脱离于有意识认知，并且可能会影响我们的行为。荣格通过不断的观察，发现了这些情结，还看到了那些说"我也不知道自己怎么了"的例子。这是第1章的主要研究方向。

认真对待内在生命意味着更多地聆听自我的声音，尤其是那些我们不愿意听到的声音。这些声音中，最为重要的是阴影——既是我们心灵的一部分，也是我们最不愿接受的心灵的对立面。而充满邪恶、最欠缺风度的一面最为常见。《化身博士》是一部经典的文学作品，讲述了我们内心的这种冲突。内心冲突是我们与阴影建立联系的过程，并且可能让我们终身感到不适。但是，阴影也是能够激励我们的能量源泉。我们会在第2章讲述如何消除阴影。

我们该如何在无意识的黑暗境地中更好地航行？如何在无意识中诠释梦境？如何在我们的无意识与内在世界之间架起桥梁？我们又该如何将自己从对噩梦的恐惧中解脱出来？第3章的主题便是对内在工作、梦境的诠释及应用。

荣格认为，每个人都有活出无限可能的能力，这种能力存在于我们的遗传基因里。荣格把心理活动的中心称为"自我"。中心化的圆圈、正方形或曼陀罗图像表达了我们想要自我治愈和自我调节的内在动力，也代表了自由。第4章将探究在我们追求整体性的过程中，起到驱动作用的自我调节体系。

荣格心理学深深融入20世纪和21世纪的文化之中。所以，我们今天用到的很多心理学术语都是荣格提出的。我们谈论梦境、原型和符号的方式也来源于荣格的作品，他创造了情结、外向、内向、集体无意识和共时性等术语。第5章从心理类型的角度来探究荣格的作品。基于荣格的心理类型划分，我们得到了几个维度下的迈尔斯－布里格斯类型指标，这是世界上运用最为广泛的人格评估系统之一。

荣格所认识到的关于无意识的最深刻的概念之一，便是看似非个性化的普遍特征。荣格只在与炼金术相关的文本里看到过他的病人在梦里看到的奇异图像。他可以确定，生活在那个没有电视和网络的时代，他的病人此前从未见过这些图像。不久后，他发现人类文明享有共同的社会阶层原型特性。在第6章中，我们将探究众多的原型和集体无意识——这是荣格心理学的发现之一。

荣格发现我们的内心世界都住着一个"他者"。我们可以在内心生活和人际关系中看见这个"他者"，第7章将以此为研究对象。有的时候，陷入爱河便是将"他者"形象投射到另一个人身上的体现。但是"他者"最强大的作用在于帮助并激励我们走向创造性的自我建设，让我们热爱生活。"他者"也可以作为一座桥梁，连接我们与心灵的"自我"。

荣格进入无意识的世界并且幸存下来，他的作品便体现了在那个黑暗世界中的发现。荣格发现了原型——一种一直存在于人类心灵中的可以传承下去的运作模式。自此，这一发现就如同掸去一块古老化石上的灰尘，让人们认识到了无意识中的强大力量。

终其一生，荣格一直致力于写作。20世纪20年代至30年代的报纸还对他的书进行了评价。那个时代的很多杰出作家，包括D. H. 劳伦斯和詹姆斯·乔伊斯都讨论过荣格的作品，詹姆斯还带他的女儿去找荣格做心理分析。荣格非常热衷于欣赏艺术作品，尤其是绘画和雕塑，而他本人的作品也大多与艺术及时代危机相关。

荣格对艺术界的影响在二战后更为显著。在欧洲，伯格曼和费里尼等电影制片人都受到荣格的启发。在纽约，玛莎·格雷厄姆对现代舞的开创性探索便深受集体无意识概念的影响。在好莱坞，白兰度很喜欢荣格。荣格曾在1955年登上《时代》杂志的封面。

1961年，荣格收到了匿名酗酒者协会的创始人比尔·威尔逊的一封信。在回信中，荣格把酗酒强迫症和对精神启蒙的渴求直接联系起来。

在20世纪60年代，荣格的身影随处可见，甚至登上披头士乐队的专辑《佩珀军士孤独之心俱乐部乐队》的封面。大门乐队也在阅读荣格的著作。荣格的作品广为流传，并且从一开始他的作品的销量便超过了弗洛伊德的，是弗洛伊德的两倍之多。

20世纪70年代，詹姆斯·希尔曼借助荣格的原型理论创建了以灵魂为基础的原型心理学。约瑟夫·坎贝尔所创作的神话书受到荣格的极大影响，并且广受欢迎。坎贝尔和荣格对于英雄原型的阐释直接在1977年乔治·卢卡斯导演的大片——具有标志意义的《星球大战》中得以体现。1983年，警察乐队凭借融合了荣格思想的专辑《同步》登上某知名音乐榜榜首。1989年，克拉丽莎·平科拉·埃斯特斯推出了她的经典之作——《与狼共舞的女人：有关野生女性原型的神话故事》。20世纪90年代，希尔曼以及其他受荣格影响的作家如托马斯·摩尔和詹姆斯·霍利斯的作品登上了畅销书排行榜。他们带领读者在日常生活中重新修整自己的内心世界。这些非常受欢迎的作家和他们数以百万计的读者都是荣格影响力的证明。

荣格直接影响了20世纪人们的看法。除了发展出一个心理学流派，荣格的见解还有助于激励我们发现自己喜爱的电影、音乐和书籍。今天，荣格心理学的观点成为艺术鉴赏的关键原则，在营销、政治、文学和娱乐领域得到了应用。在这本书的附录部分，我们将看到一些先驱者是如何在21世纪将荣格的著作发扬光大的。

或许，荣格的作品能始终受欢迎是因为它为解决我们时代的重大问题提供了有意义的方案。1997年，《纽约时报》评论《未发现的自我》，称这本书是"对个体完整性的一次激情澎湃的探索"。荣格相信：唯一能够拯救我们于危难的便是我们的内在生命，也就是完整的自我。面对今天的诸多挑战，每个人仍然有能力成为"平衡天平的砝码"。如今，我们之所以仍在讨论荣格，是因为希望学习他对内在生命的探求。希望这本书能帮助读者意识到自己的重要性。

从精神科医生到心理学导师

传奇的一生 / 002

揭开心理学的神秘面纱 / 009

发明字词联想实验 / 010

创造出"情结"一词 / 014

发现无意识的力量 / 017

精神的本质象征 / 020

世界观与人生观 / 026

发现人格面具

我们内心的冲突 / 032

人格面具 / 036

阴影下的另一个自己 / 041

阴影投射与替罪羊原理 / 046

集体阴影 / 049

看见你的阴影 / 053

我是谁 / 057

3 聆听梦境

寻找真正的自己 / 064

解梦 / 067

积极想象 / 073

巧妙利用阴影 / 078

荣格心理分析法 / 087

4 与弗洛伊德的决裂

潜在自我的展现 / 094

在圆圈中治愈 / 098

荣格与弗洛伊德：从亲密到决裂 / 102

对抗无意识 / 106

集体阴影的控制 / 114

划分人格类型

荣格对人格的探索 / 120

外向型和内向型 / 126

感觉型和直觉型 / 131

思维型和情感型 / 135

划分人格类型的意义 / 137

 无意识中的强大力量

原型与神话中的诸神 / 142

英雄原型——捍卫和保护 / 151

国王或王后原型——祝福和秩序 / 156

智者原型——理解和反思 / 162

儿童原型——个性化 / 165

集体无意识的声音 / 168

你的灵魂是男是女

你无法说出自己灵魂的性别 / 174

荣格心理学中的男性和女性 / 183

荣格之死

人类的心理防线 / 188

最后的年岁 / 192

附录

荣格心理学机构指南 / 195

从精神科医生
到心理学导师

传奇的一生

1875年7月26日，卡尔·古斯塔夫·荣格出生在瑞士凯斯维尔。他的祖父是一位杰出的医生，荣格的名字便是祖父起的。

荣格的父亲和荣格的8个叔叔都是牧师，母亲和外祖父都是灵媒，荣格从小便与死亡和葬礼仪式打交道。

荣格出生前，家里的2个孩子已经不幸去世了，直到9岁，荣格都没有兄弟姐妹。作为家里唯一的孩子，荣格在成长的过程中非常孤独，也充满幻想。

在荣格4岁时，他和家人搬到了巴塞尔，这座瑞士城市因拥有欧洲最大的狂欢节而闻名。数千名戴着面具的狂欢者连续3天从凌晨4点便开始在城里游行——这一仪式一直延续到今天。

后来，荣格获得了奖学金，并在巴塞尔大学学习。他对科学、哲学和考古学充满热情，并读过康德、尼采和斯威登堡的作品。在1896年至1899年，荣格加入了知识分子辩论团体，成为佐芬亚俱乐部的成员。

1900年，荣格搬到苏黎世，开始了医学研究。1903年，荣格与艾玛·劳申巴赫（1882—1955）结婚。荣格的妻子是瑞士最富有的家庭的女儿，他们共同养育了4个女儿和1个儿子。

荣格是一个热情而有活力的人，他喜欢运动、饮酒，以及抽雪茄和烟斗。他极富魅力，一位后来的传记作者写道："每一个与荣格有过接触的人都对他的快乐、他的眼神、他的笑声、他的感染力和他的幽默感给予了正面评价。荣格是一个很好的倾听者……从未表现得急躁不耐或心事重重。在交谈中，他可以包容不同的观点，灵活处理问题，说话也言简意赅……在他面前，人们感到很舒服。"[1]

荣格的笑声很有感染力，他的秘书安妮讲过这样一个故事：一名徒步旅行者在瑞士研究中心埃拉诺斯旁的公路上旅行

1 C. 霍尔和 V. 诺德比，《荣格心理学入门》。

时，听到了来自高山上的笑声，非要去一探究竟，看看这个人是谁。后来发现，这个发出笑声的人正是荣格。[1]

1910年，因父亲去世而患上抑郁症的托妮·安娜·沃尔夫（1888—1953）开始与荣格合作，接受心理治疗。荣格帮助她治疗抑郁症，而她也成了荣格最大的帮手和最亲密的知己之一。沃尔夫天生聪慧，在心理学方面也很有天赋。当荣格在第一次世界大战前和战争期间陷入"与无意识的对抗"时，沃尔夫帮助荣格渡过了难关。在荣格最困难的时候，沃尔夫是他的"心灵救生员"，而她自己也成了一位伟大的精神分析学家——有人说，她比荣格更出色。

1922年，母亲去世后，荣格在苏黎世湖畔的伯林根买下了一块地。第二年，荣格开始在那里建造一座石塔，那是他逃避家庭和社会生活的避难所。在石塔里，

1 阿涅拉·贾菲，《荣格的生活与工作》。

荣格自己砍柴，自己做饭，有时间自省，并与内心的声音接触——这个避难所对荣格来说十分重要。一生中，荣格时常在瑞士的大学里授课，他的著作使他成为20世纪最著名的思想家之一，美国和欧洲许多著名的大学都授予他荣誉学位。荣格交友广泛，曾与世界各地的朋友和知名人士保持着频繁的通信。1961年6月6日，荣格在其库斯纳赫特的家中去世，享年86岁。

◎ 荣格和他的妻子艾玛·劳申巴赫，他们于1903年2月14日结婚。

◎ 一幅关于19世纪巴塞尔狂欢节的插图。这是欧洲最大的狂欢节之一。

◎伯林根石塔入口的照片。荣格一生都在扩建这座建筑。

揭开心理学的神秘面纱

　　荣格心理学展现了一个处于我们内心深处的世界。要开始描述这个领域，往往会令人生畏。想象一下我们银河系的全息图：万物旋转，天体高低起伏，不停移动。如何开始谈论它？如何将这一切以线性的方式（a、b、c等）排布？在我们开始前，我请求读者们的谅解——虽然进入荣格作品的概念部分非常激动人心，但我们必须先从容易的部分开始并回答一些基本问题。我们将以个人心理学作为本章的起点，因为它最接近我们的亲身体验。

发明字词联想实验

1900年，荣格完成医学研究后，开始在苏黎世的伯格尔兹利精神病医院工作。作为一名主攻精神病学的驻院医生，荣格由欧洲著名精神病学家尤根·布鲁勒博士指导。在这里，他首次为心理学做出原创性贡献——发明字词联想实验。

荣格研发了一个实验，以探索可以评估病人患病的潜在条件的经验性方法。实验中，他让病人听一系列单词，并自由联想——用最先浮现在他们脑海

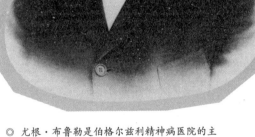

◎ 尤根·布鲁勒是伯格尔兹利精神病医院的主任，他对荣格的影响很大。

中的事物来回答。起初，他并没有成功。按照布鲁勒的引导，荣格曾猜测对某些词的联想会与特定的疾病相关，但实际并没有。在接受了实验最初的失败之后，荣格才发现测试结果中出现了一种揭示性的特质。

荣格注意到，某些词语会使病人的反应延迟，他们的反应时间会比一般的1~3秒要长。这种注意力的中断很有说服力，它暗示着事情不仅是表面所呈现出来的这样。他在不断的探究中发现，这种延迟往往伴随着面部表情、自发动作、情绪反应和其他违背实验指令的反应变化。在实验室中，荣格可以利用仪器观察病人的身体出现的与这种中断相关的症状，这为情绪反应提供了证据。"他的实验把脉率的变化、呼吸的波动、情绪起伏所产生的皮肤电导率的变化与字词联想相结合。"[1]

1 霍尔和诺德比,《荣格心理学入门》。

◎ 荣格站在伯格尔兹利精神病医院外。从1900年到1909年，他在苏黎世的这家精神病医院工作。

在某次实验中，一个"马"字就耽误了一分多钟。结果发现，参与者已经完全忘记了自己经历过马匹失控的事故。在这个例子中，意识抹去了这段痛苦的经历。它过于痛苦，难以忍受，所以被压抑住了。压抑是对有意识情况的无意识反应，往往不为人知。然而，冲突并未消失，仍然活跃在意识的表象之下，而且会在我们惊讶和沮丧之时产生症状。

这一发现为荣格指出了潜藏于意识表象之下的东西。基于这一发现，他很快就创造了"情结"这个词（最初是以感觉为基调的情结）来描述心理中的这种力量。因为情结受到触动，延迟便会出现。

时至今日，延迟反应都是情报人员和边防人员评估某人是否说谎的主要依据之一。荣格发表的关于字词联想实验的论文让他第一次在美国得到认可。

创造出"情结"一词

荣格的字词联想实验表明：我们体内存在能够使我们在面对某些刺激时做出不寻常的反应，或者完全不做任何反应的力量。某些话语能够打断我们的注意力，或者阻止我们按照自己想要的方式行事。荣格注意到，这些阻滞总是与情绪有关。

"情结"一词的创造是荣格对现代心理学做出的一项原创性贡献。情结是心理能量自主潜藏在意识下运作之所在。就像一块磁铁，情结会把我们的注意力引向它可能不想去的方向。我们情绪反应的强度可以衡量情结的强度和它对我们内心所起作用的力量的大小。荣格认为情结的核心就像心理创伤一样，具有强烈的感觉。"尽管你不知道痛苦的意义和原因，但你会感觉到它的影响。"[1]

1 琼·辛格，《荣格心理学的实践：心灵的边界》。

通过行为干扰的方式，我们能够观测到行为中的情结。今天，我们把弗洛伊德式的失误说成一种语言上的失误，它揭示了一个甚至对说话者自己都隐瞒的内在真相，这体现的就是行为中的情结。1907年，弗洛伊德本人在他的《日常生活心理病理学》（最初出版于1901年）一书的后续版本中开始使用"情结"这个术语，取代了"思维圈"这个术语。

这种情结的强迫性几乎是我们所有人都体验过的。"我不知道我是怎么过来的"的时刻普遍存在，但最常发生在一种感觉价值受到威胁的时刻（即使这种价值在当下对我们来说是无意识的）。荣格心理学认为：无论我们的意愿如何，感觉都是衡量事物在我们心中的真实价值的方式。荣格写道：情结的表现就好似"一个有生命的外来物"，无法通过意志力让它不复存在或去冲淡它（至少在很长一段时间里都做不到）。

情结有时表现为夸张的反应，或在本该有反应的地方却没有反应。情结可能表现在对某件事特别消极的态度上，它隐藏着被拒绝的内在欲望。有时我们会过度补偿，努力地想表现出我们没有受到某件事情的影响——而我们的行为却恰恰相反。

"情结"一词是荣格为现代心理学做出的原创性贡献。今天，我们听到这一词语被用于这样一些形容：自卑情结，指的是某人在不知不觉中认为自己比别人差；强权情结，指的是某人设法控制他人。其实，这些情结往往是我们性格的一部分，甚至可能是我们性格中的本质元素。情结可能源于个人一生中被压抑的痛苦，并可能在压力中不断累积。往往是这种压力引导个人接受治疗。"现实是，具有强烈感情色彩的想法，也就是情感，会不断打破自我中心观念的循环往复。"[1]尽管我们有理性的自我概念，但情结为我们指出了一种存在于我们体内的更深层次的力量——无意识。

1 卡尔·荣格，《荣格文集》。

发现无意识的力量

几个世纪以来，人们不断地探讨无意识的概念，但早在20世纪，弗洛伊德和荣格就将这个词带入了常用领域。

荣格在意识到自己在字词联想实验中的发现后，赶紧阅读了弗洛伊德的《梦的解析》。他在那本书里发现了与自己的研究的相似之处。被压抑的内容可以活跃在梦境之中——在我们的意识之下，存在着强大的力量。这开启了一段心理学家各自努力想要验证彼此观点的时期。

荣格开始密切关注弗洛伊德的作品，并与同事建立了一个研究组。一段时间后，荣格与弗洛伊德之间开始了书信往来。有一次，弗洛伊德非常急于阅读荣格的关于字词联想实验的作品，不等荣格给他发邮件，就跑出去买了一本复印件。1907年，他们终于在弗洛伊德的家中见面了，展开了一段长达13小时的著名对话。荣格很快融入维也纳的精神分析运动中，并最终成为弗洛伊德的继承人。

弗洛伊德认为，梦境表达了人们潜藏的无法被自己或社会接受的期许。对他来说，梦像是对字面直觉的伪装。荣格和弗洛伊德都认为，无意识是一种客观现实，就像外部世界一样独立于我们本身之外。在二人看来，无意识的力量是显而易见的。他们所面对的是那些被自身内部的力量所超越的病人，因此他们把神经症（功能受损、无助、焦虑、抑郁、痴迷）看作受无意识束缚的心理能量。在意识的表象之下，一种无法被驱赶的力量在发挥作用，造成内在现实和外在态度之间的分离。

荣格见证了这些影响，他观察到"一个人并没有情结，而是情结拥有他"[1]。精神病患者所听到的正是情结所发出的声音。某个人强大的梦境可以被视作情结的化身。情结有它本身的能量，它是被分割出的意识碎片，也可能是我们内心的部分人格，而这种碎片化正是神经衰弱的背后原因。

1 卡尔·荣格，《荣格文集》。

荣格和弗洛伊德都将梦和症状视为从心理内部进行尝试治疗的表现。一些无法整合的东西会分离出来，以符号的形式表达。心理疾病可以通过认识和与我们内心的这些声音相连接来被理解和治愈。《精神分析学》（弗洛伊德的作品）或《分析心理学》（荣格的作品）促进了意识和无意识之间健康的联系。荣格和弗洛伊德将我们的注意力转向我们内心被遗忘的内在生命，并改变了我们看待自己的方式。两人给我们提供了一种新的语言，用来讨论在意识活动下运作的力量。

◎ 西格蒙德·弗洛伊德对荣格的影响很大，荣格最初是新兴的精神分析运动的热心成员。

精神的本质象征

弗洛伊德和荣格都观察到，无意识是通过符号、图像、类比和隐喻的语言来表达的。

在弗洛伊德看来，梦中的象征性形象代表着来自无意识的可辨别的内容。现如今，把所有圆柱形图像等同于男性阳具是一种陈词滥调，但这个例子反映了弗洛伊德心目中的图像与对象之间的直接作用机制。在他看来，梦中的形象只是潦草地掩饰了一个可确定的隐秘对象。他把无意识看成一面黑暗的可以反射压抑的镜子，我们所需要做的就是正确地解析它，找到治疗的方法。荣格开始相信，这种观点不仅有可能让人误解那些符号的意义，而且会妨碍我们看到一些关于我们内在生命本质的非常重要的东西。

荣格认为弗洛伊德的方法是将一个符号还原为一个标志——例如，将雪茄的图像等同于阴茎。图像会直接指向一个迷失的物体，而图像的表露也正是源于这种迷失，梦境的内容只是在表达过去隐藏的欲望，是实物的替代物。

荣格追随弗洛伊德，把无意识看作对我们日常生活中的压抑的弥补。心理活动揭示了生活在我们体内的更深层次、更有活力、更有目的性的部分。

除了回顾弗洛伊德对图像目的所持的观点外，荣格还看到了一种前瞻性的功能——潜意识中的图像能够预测未来意识的走向，描绘出解决冲突的路径。"符号不是每个人都知道的标志。这不是它的意义所在，相反，它试图通过类比的方式，阐明一些仍完全属于未知领域或者尚未成为现实的内容。"[1]这种图像揭示了我们真实的心理成长过程，而这一过程是意识无法体会的。符号涵盖了意识与无意识，也涵盖了我们内心的冲突与解决之道，它们指向的是超越当下的我们未来的成长状态。

这也是荣格将心理图像视为不容置疑的符号的理由之一——它们指向了一系列超越表象而进行心理分析的可能性。例

1 卡尔·荣格，《荣格文集》。

如，弗洛伊德的恋母情结理论将梦境中的乱伦情节解释为一种深埋于心底的对母亲的占有欲，并将之理解为我们渴望与自己内心的母性特质进行更深层次的接触。荣格认为，这样的梦境并非指向对字面意思上的乱伦的渴望，而是代表了一种在我们与无意识进行连接时产生的心灵内部的整合，甚至是精神上的重生。在荣格看来，母亲形象与无意识形成的基础有关。只有不仅仅把图像看成标志，才有可能得出这个结论。想要认识一个符号的连贯性，需要对这些不同含义中的统一性有一种直观的欣赏，这种欣赏所需要的思维要远超字面理解。

最强大的符号会引起我们强烈的反应。伟大的艺术作品中的象征性图像超越了言语，吸引我们深陷其中，激荡着我们的灵魂。"这些意味深长的语言向我们呐喊，其中的深意远胜于言语。"[1]

1 卡尔·荣格，《荣格文集》。

toxic symbols (in visions) endless variation without improvement in significance is characteristic. The same with fever visions. Another important pathological symptom is the admixture of elements, which destroy or upset the intended significance, particularly so in schizophrenia. You mention Mrs. McCormick in your letter. She was such a case of latent Sch. and was very much on the edge, when I treated her. She dreamt right in the beginning of her analysis of a tree struck by lightning and split in half. (= Brücklinie ?!) This is, what one calls, a "bad" symbol. Another case, that suffers now from hallucinations and ideas of persecution, formerly produced pictures with Brücklinien breaking lines, thus f.i.

A great and puzzling problem is the "intended meaning" or "significance" of a symbol. It hangs together with the much bigger problem, whether the unconscious symbolization has a meaning or aim at all or whether it is merely reactive stuff i.e. relics of the past. I must say, I am inclined to assume, that the archaic material is merely a means to an end. It is, as far as

◎ 荣格写给美国医生史密斯·埃林·杰利夫的一封信。荣格在信中解释了与符号相关的问题。

　　无意识中出现的符号发源于我们的生活经验，并会自然而然地成为我们内心的一部分。每天都骑马的人和先前提过的曾从马背上摔下受伤的人，对马的形象有着完全不同的理解。因此，若无法区分某种符号的字面含义及其特定含义，就不可能深刻治愈我们的内心。荣格认为，对符号赋予意义的过程不仅包括关注我们特定的生活和历史真实语境，还包括深刻的内心倾听。它既要求我们理性思考，又要求感同身受，展开想象。

　　标志性的图像会改变我们的心理能量，整合有意识与无意识，减少冲突。由此，这些图像会激发我们心中的超能量。我们所经历的这一过程就是对个人意义的探知和对自我的治愈。这种改变不是公式化运算的结果，我们需要亲身体验才能深获其感。这一过程可能会挑战我们对自己的完整认知，并且需要我们在道德层面不懈努力。无意识可能会在我们心里产生拥有巨大能量和深刻意义的补偿性符号，这也说明我们尚未完全掌握我们的文化——在我们心里，一直有一股力量驱使我们完善自我。

　　荣格和弗洛伊德在解读这些符号时所持的方法不同，在心理学观点方面也是各持己见，这让两个人分道扬镳。对弗洛伊德来说，意识是主要的，无意识只是储存那些丢失内容的地下室。而荣格则认为无意识是意识产生的母体——是冰山的一角，是漂浮在无意识海洋之上的一个软木塞。

荣格所说的心灵包括意识和无意识。他认为人的心灵具有补偿性和目的性，并且能够自我调节。他看到我们心中存在着一种活跃的力量，凝聚了意识和无意识，驱动着我们去涵盖更多的整体。他将这种驱动力称为个性化和个性化产物。尽管我们饱经磨难，可内心终究会寻得一种健康而稳定的平衡状态，而我们也会不断成长，获得独特的发展。

世界观与人生观

荣格认为，我们的心理健康与生活态度直接相关。我们的世界观或人生观根植于意识和无意识之中。我们认识世界的方式或对生活的态度，决定了我们是外向型人格还是内向型人格。我们对某件事的感觉比那件事本身更重要。我们存在的理由深刻地影响着我们。"我经常看到，当人们满足于对生活问题的不充分或错误的回答时，他们就会变得神经质。"[1]荣格的心理学工作方法集中于培养这种内在态度。这意味着，我们有必要意识到自己的特定世界观是什么。

这样说来，荣格心理学不是一门技术，也不是一种方法论。我们没有必须遵照的唯一的成长路径，事实正相反，我们

1 卡尔·荣格，《荣格自传：回忆·梦·思考》。

◎ 荣格强调世界观及其对心理健康的重要性。

必须迈进的是我们独特的成长之路，而不是任何一种外在模式或外在人格理想的实现。这一点与当时和现在的许多其他心理学流派不同。荣格认为，我们的人生哲学往往是一维的，会让我们失去平衡。许多现代心理学都试图强化一种特定的发展模式，而荣格提倡的则是以一种开放、好奇的态度展开对个人独特性的探索。在荣格看来，没有理想化的常态形式，没有单一的正确方式。因此，他对人性的看法就挑战了传统的人格观念。荣格还强调要关注我们的伤痛、内在生活和成长力的独特性。

发现无意识需要我们对自己有一个新的认识——我们不再是自己"家"的主人。这种激进而新颖的理念饱受争议，时至今日也未被完全接受。无意识掌握了真实自我的模型，我们若想将之呈现，则必须与内心的力量建立联系。在荣格和弗洛伊德开展早期开创性工作的同时，世界同一地区的物理学家们也在进行对"内"和"外"之间联系的探索。这一时期，物理学家们在量子宇宙中发现了观察者和被观察者之间的关系。这两个领域的发现都让我们开始质疑纯客观性的幻觉，并改变自己看待世界的方式。

荣格和弗洛伊德都观察到，今天的许多疾病都源于我们与内在生命的冲突。治疗这种冲突需要我们说符号语言，而这需要一种对许多人来说较为困难的思考方式。这种方式在我们的文化中尤其具有挑战性，因为我们的文化倾向于直白无保留的意识，并推崇用机械的方式从字面意思去理解世界。

TIPS

◆ 字词联想实验——荣格设计的实验，揭示了心理中存在自主情结。

◆ 情结——一种以感觉基调为中心的心理能量，会在我们的意识下自主运作。

◆ 无意识——意识阈值以下的一层心理功能，也是自我意识产生之源。无意识中存在情结和其他能量中心。

◆ 心理的符号性——标志性的图像会改变我们的心理能量，整合有意识与无意识，减少冲突。按照这种方式，这些图像会激发我们心中的超能量。

◆ 世界观——根植于有意识和无意识思维中，是我们对生活的态度，会影响我们的心理健康。

发现人格面具

2

我们内心的冲突

荣格把弗洛伊德的发现作为自己开展理论研究的首要原则，即心理的痛苦来源于"人们的天性和社会的要求之间产生的冲突"[1]。病症往往源于人类本性和社会准则间的冲突。

我们的家庭和文化为我们的行为、思想和感受设定了界限。我们的一部分人格为父母和学校所传递的信息所束缚，这促使我们为自己构建出了一个内在人格，承载适应世界之初产生的所有悲伤、耻辱和痛苦。这一人格在我们内心非常沮丧时得以表现。

我们对耻辱、内疚和罪恶的理解就存在于内心的这片情感地带。这片情感地带也是宗教和文学的主要关注点，更是我们

1 琼·辛格，《荣格心理学的实践：心灵的边界》。

最期望也最失望的事实的所在地。但是，在病症之外，冲突的另一方面是道德的成长。这种尖锐的冲突既存在于我们的内心，也存在于外部的真实世界。

凡是有冲突的地方，都有两种人格在交战、两种力量在争夺，而其中被拒绝的人格便是内心的对手和敌人。从该隐和亚伯到杰基尔博士和海德先生，兄弟反目或人格分裂并对立的故事总是令我们欲罢不能。

如果意识是内心的英雄，那被拒绝的人格就是内心的恶棍。如果你问："这就是全部吗？"并坚持说："我要打败它！"你可能低估了它的本质。它是我们自身最糟糕的部分，是内心的背叛者，而只运用意志力去与之抗争可能是远远不够的。

我们往往会对自身的这一部分人格视而不见——总是先把问题推到别人身上，然后才开始审视自己。但是我们需要与它沟通，需要去倾听它的声音。它是我们已然忘却的痛苦，是我们所经历的创伤的呐喊。但它也是我们心灵中的普遍存在，是与自我身份认同相对抗的力量。它有时也会超越我们的个人经历，是永恒力量的入口。它代表了成长过程中必须面对的集体性表达和原型现实。

◎ 亚伯被他的兄弟该隐谋杀。长久以来，具有强烈冲突性的故事一直令我们着迷。

荣格的洞察力在于能够从日常的童话故事中发现值得我们关注的东西，比如：列举出一些反派的名字，能使我们在某种程度上摆脱反派的控制。就像在侏儒怪的故事中，正是通过探索侏儒怪的领地，并与侏儒怪进行接触，我们才可以获得改变境况的洞察力。怪兽是一个有待解决的象征性谜题，我们必须学会与它建立联系，必须知道它的名字，因为那也是我们提升自己的必经之路。

虽然怪兽可能只是我们的想象，但它拥有的力量很真切。重新与之连接往往会带来更多的能量。

早期的经历不仅会影响我们的善恶观，也会让我们无意识地定义自己对世界本质的感受和在精神、宗教以及哲学方面的偏好。你会怎样看待黑暗？正是从我们最抗拒的那部分人格中，爬出了我们想象中最可怕的怪兽，以及我们对现实和上帝本质的无意识信仰。

人格面具

"人格面具"这一词语起源于拉丁语，最早用来指古典戏剧演员所戴的面具。在荣格心理学中，这一词语指我们面对世界时所展示出的内在性格。人格面具所展现的既是我们想要成为的样子，也是我们希望真实的自己在他人眼中的样子，它汲取了社会期望、文化准则和自然属性三方的特点。人格既有勇敢的一面，也有虚伪的一面。塑造人格面具是理想型自我建立过程中的一项持续性事业。

一生中，我们会受到无数的外界影响。从父母、兄弟姐妹、老师到市场和媒体，这些都在不断地告诉我们应该如何做人，做什么样的人。人格是我们成功适应这种压力的表现。

我们的自我（有意识的自我，也是我们在白天的自我意识）与人格密切相关，但不等同于人格。自我的运作在某种程度上总是与部分人格重叠。

一个健康的人格能使我们在这个世界上生活得更加

容易，帮助我们适应人际关系、社区生活和商业生活。在迈向成人的过程中，坚实的人格具有助推作用：

　　人格是非常重要的。人格可以装点一个人，进而让平时的观察者适当了解这个人的情况。我想说，如果你想将一个钻戒作为礼物展示，你不会仅用纸袋简陋地包装它；如果你想给一个人一夸脱[1]牛奶，你可能不会选择用水晶瓶盛放牛奶。人格的意义就是表明一个人的样子，就像面具会反映演员扮演的角色或表达情绪。人格的作用是帮助人们适应社会的要求。[2]

　　虽然人格是文化适应的一种表现，但它也可以展现出反文化的形式。如今，我们能接触到各种文化规范，这些文化规范激励我们向不同的方向发展，用各种不同

1 英语 quart 的音译。英、美计量液体或干量体积的单位。

2 琼·辛格，《荣格心理学的实践：心灵的边界》。

的方式来表达自己。但是，一些地区的文化更强调严格性。例如，日本人为了避免当众尴尬，设计了很多复杂的习俗。这些习俗在很大程度上反映了对他人地位的关注度和尊重度。所有这样的习俗都是为人格和社会阶级结构服务的。

你在社会中的出现方式是否决定了你的地位？在追求地位的过程中，吸引你的其实是地位所代表的身份象征。人格是你向世界展示自己的工具，但作为本我的一部分，它也可能会将我们的内在价值与外在形象相混淆。荣格写道：成为人上人是一种令人难以抗拒的诱惑，"因为人上人通常会名利双收"[1]。例如，在洛杉矶有这样一则笑话：你的车有多漂亮，就会受到多大的赞美。追求名牌服装、大房子和赶时髦、比阔气也可以是人格的表达。对这种角色的认同可能带来的危险之一是引发自吹自擂，表现得比真实的自己更出色。

1 卡尔·荣格，《荣格文集》。

虽然人格与自我紧密相连，但它本身也是一种情结。作为一种情结，它可能会困住我们。人们可能会过度关注人格，而无法看到自己的其他面。"人格越坚韧、严肃，我们就越会对它产生强烈的认同感；与此同时，我们就必须进一步否定我们自我中其他重要的方面。"[1]

1 琼·辛格，《荣格心理学的实践：心灵的边界》。

◎ 人格可能是一位专横的国王或女王，要求我们保持外在形象。

人格可能是内心的国王或女王，是内心的统治者，主导我们过于关注表面。如果我们在心理上专注于凝视自己，并让其他人将我们视作好人，我们可能会对其他人的否定非常敏感。我们会看到对这种角色的维护，例如大师或宗教领袖，或僵化的家庭体系中的父母，他们都会不择手段地严禁反对者发声，并迫使人们臣服。当然，这样的社会条件有助于人们逃出黑暗面。

阴影下的另一个自己

19世纪80年代初的一个晚上，罗伯特·路易斯·史蒂文森梦见了一位博士，这位博士发明了一种可以让自己的另一个人格苏醒的药水。这个梦后来演变成了小说《化身博士》。故事的主人公有多重人格，这一设定直到今天仍然很容易获得观众的认同。

杰基尔博士是一位慈善家、理想主义者，他过于优秀，优秀到让其他人难以置信。当他服下药水后，便转变成了海德先生。海德先生是邪恶版本的杰基尔博士，他的恶意不加掩饰，他为所欲为、无拘无束，做了很多杰基尔博士不该做的事。

这个引人入胜的故事源于一场梦，却展现得十分恰当，因为它是对内心情结最完美的诠释：同时呈现了人格和阴影。人格是在一定程度上对自我的修饰，是我们想展示给世界的明面；它的反面，即一切我们拒绝接受的自己，被称为阴影。

DR. JEKYL

THE TRANS
"GREAT GOD

and MR.HYDE

◎ 就像杰基尔博士和海德先生一样，人格和阴影代表了两个对立面。

在杰基尔博士身上，有这样一个人格，代表了人们理想中的自我。他免费治疗病人，避免对女性过于主动，并展现出了对高尚道德的追求。而在海德先生身上，所有被压抑的情绪都得以释放，反道德的价值观也被表达出来——这是对阴影的完美诠释。

文明人格的发展，即自我的光明面，既为我们的内在生命灌注了自发性和强烈的情感，也激发了其自我保护的本能。阴影则体现了我们身上所有被隐藏的特质，特别是自我难以忍受的部分——社会和父母的那些较为糟糕的教导。

在如今的话术中，"阴影"这个词几乎等同于无意识。说某些东西在阴影中，就是指它是无意识的。然而，荣格将这一词语用于指代存活于我们内心中的特定的情结——被拒绝的另一面。

阴影是对人格的补偿，是自我的对立面。自我、阴影和人格是以动态的方式共同形成于童年和青少年时期的。在我们的一生中，它们会持续以类似的方式相互关联。

阴影是已经被我们遗忘的痛苦。它是内心的某种情结，是从意识中分离出来的一部分，负载着情感的重量。

人格是我们最想被他人看到的样子，阴影是我们最不想成为的样子。一旦接触到自己的阴影，即自我的软肋，我们就会对人格所展示出的那个光鲜的自我形象产生怀疑。

阴影不仅是自我的对立面，也是每一个有意识的人格缺失的部分，它会影响我们对其他人的看法。每个人都可能在某些方面天赋异禀，也可能在某些方面笨头笨脑。就像杰基尔和海德一样，人格和阴影是我们内心相互敌对的兄弟姐妹。阴影代表着我们缺失的部分，并自然而然地影响我们与人格的关系。我们对其他人的欣赏或厌恶，往往会反射出自己的隐藏面。来自他人的投射，往往是我们认识自身阴影的开端。

阴影投射与替罪羊原理

投射是一种心理机制，是指把我们的内心世界投射到外部人物身上。投射时，我们会把内心的能量或人格放置到在某种程度上符合其形象的人身上。当你遇见某个真正触动你的人时，无论是一见钟情，还是立刻厌恶，都有可能是在进行投射。

有时，我们遇到和自己的性格或内心情结的本质吻合的人，就会立即不自觉地把他们"打扮"成符合我们内在形象的样子。当这种情况发生时，我们就会从众求同——与内在人物形成动态一致（但我们可能意识不到自己有这种倾向）。假如我们把阴影投射到某个人身上，而这个人很高兴地表达了对我们来说最难表达的品质，我们可能会发现自己不喜欢这样的人，尽管当时不一定能明白原因。

当我们进行投射时，在心理上和情感上会将自己的一些品质放到他人身上，这个人便会为我们承担这些品质。"所有让我们对他人感到恼怒的事情都能让我们了解自己。"[1]例如恶霸憎恨书生，因为书生的智慧可能是恶霸的弱点所在。这就是替罪羊原理——为了保护有罪的人，无辜的人会被指责为罪犯。投射也能为个体带来解脱感。当我们认同英雄并把自己看作好人时，与坏人的斗争就成为一种正义的行为。记住，几个世纪以来，道德的正确性可能取决于谁是胜利者。这种情感上的投射使我们能够间接地参与战斗，并感觉良好。好人的善良就是我们的善良，而我们的善良也成为他们的善良——我们不再记得那个不完美的真实自我。如果坏蛋正好合适，他就会暂时扛起使我们内心不适的重量，而我们就会倍感轻松。我们告诉自己："做坏事的是他，不是我。"

阴影投射是一个自然的过程，我们在这个过程中发现自己内心与通常人格相对

1 卡尔·荣格，《荣格自传：回忆·梦·思考》。

立的一面，但我们接近那一面的方式则很复杂。要把这种愤怒变成洞察力，需要一个开放的、具有挑战性的自我反省过程。

在令我们不安的人身上，我们看到了自己的阴影。荣格认识到，在我们身上有一个内在的背叛者，这个背叛者会把我们引向最糟糕的道路。我们的个人阴影促使我们坠入集体阴影的深渊。

集体阴影

　　荣格观察到，情结可能会影响一个集体。他看到，某些时刻似乎是集体阴影的表现期，是集体精神病的暴发期。整个群体被压抑的一面开始活跃，整个群体都是海德先生。他在20世纪30年代的德国亲眼看到了这种疯狂，并写下相关的文章。但每个时代都有某种程度的集体阴影。

　　有人可能会说，没有哪个时期的人类比我们更能见证人类黑暗的现实。我们在20世纪目睹了大屠杀，面临核战争的威胁，现在又在21世纪感受化石燃料和塑料对环境的影响，我们无疑比祖先更清楚地意识到人类的潜在破坏力。这样的观点并不是来自道德化的立场，而是一种心理上的事实。可以说，我们的时代使所有人被迫成为证人。

　　阴影探讨的是我们把魔鬼放在哪里——我们允许黑暗被安置于何处？种族主义提供了一种偏执的解脱方式，将集体阴影强加到另一个相对较弱的人群身上。这样做使他们看不到或感受不到自己的阴影，看不到最糟糕的自我。

但我们现代文化的集体阴影却比群体与群体之间的阴影投射得更大、更广。

荣格认为，当今时代人们的主要疾病之一是普遍失去了与内在的联系。他观察到，人们不再因传统的宗教而备受鼓舞。一百多年来，从尼采到菲茨杰拉德，这些思想家和作家都认为"上帝已死"。西方国家教堂的出席率每年都会创下新低。在荣格看来，这意味着我们正处于精神真空之中，失去了旧的与内在联系的方式，但还没有找到新的方式。

◎ 哲学家弗里德里希·尼采写了关于"上帝之死"和精神从世界上消失的文章。

在这种真空中，我们陷入了对人类技术的迷恋。仔细观察，你会发现今天的人们对设备有一种近乎神奇的信仰。人们认为他们的电脑和手机无所不知，并期望它们能一直完美地运作，并把药品看成是万能的。过去我们把上帝放在哪里，现在我们就把技术放在哪里。

由于对人类的创造能力和技术充满信心，我们对其巨大的黑暗面失去了所有警惕。玛丽·雪莱的《弗兰肯斯坦》完美地说明了这种危险（与史蒂文森一样，这个故事也是在她的梦中出现的）。在故事中，一位医生将一具重组的尸体复活，完美地表现出现代人类将科学凌驾于神学之上的自信——人类现在将自己视为生命的创造者。荣格派心理治疗师和作家罗伯特·罗曼尼辛在《弗兰肯斯坦：怪物和技术的阴影》中描述了这种否认的致命性。在将自己视为造物主的明面中，我们忽视了作为潜在破坏者的技术阴影。荣格认识到，这是我们面临的主要危险。正如他在去世前不久写的："如果人类不想通过科技的力量毁灭自己，未来的几代人将不得不考虑这一重大隐患。"[1]

1 卡尔·荣格，《未被发现的自我》。

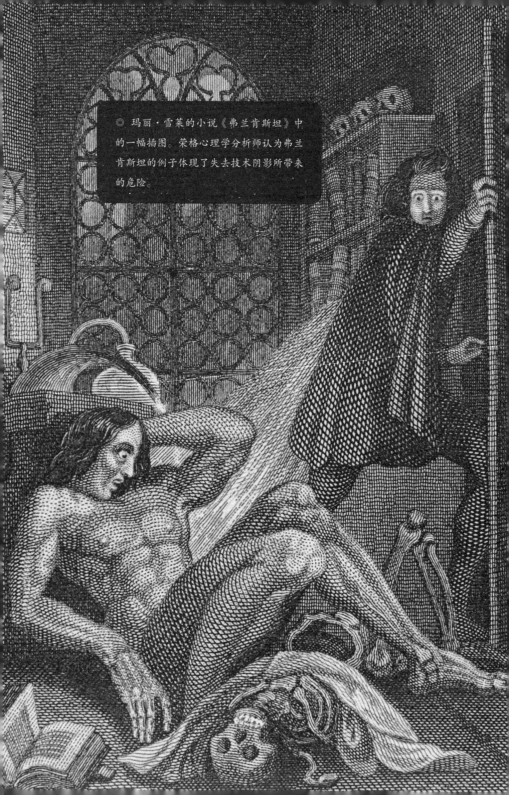

◎ 玛丽·雪莱的小说《弗兰肯斯坦》中的一幅插图。荣格心理学分析师认为弗兰肯斯坦的例子体现了失去技术阴影所带来的危险。

看见你的阴影

荣格认为解决集体危机的方法是直面真实的自我，包括承认我们的阴影。"我们能做的最好的政治、社会和精神工作，就是收回我们对他人的阴影投射。"个体会由于自身阴影的特殊性而受到大众心理疾病的困扰。例如，权力情结可能使某人崇拜专制，贪婪可能导致人们犯下原本不会犯的过错。我们的个人缺陷犹如一扇门，集体阴影有可能破门而入，也有可能被拒之门外。我们可以通过有效的内在工作，降低与阴影接触的概率，避免与其纠缠，从而将自己从我们这个时代的心理疾病中解脱出来。

荣格认为，建立与无意识的内在联系是这项工作的根本。记录梦境、写日记和进行心理治疗加强了这种内在联系。在荣格的个人实践中，他经常观察自己的梦境，画出许多自己的内在形象，并画出甚至雕刻出其他形象。他和其他分析师都强调了将内心的洞察力运用于外部世界的重要性。无论是通过艺术手法还是其他方式，与无意识建立联系最终都需要我们反省自身，但我们必须在实践中对内在生命表达尊重：例如，开展创造性的工作，照顾好自己，承担更大的责任，保持更好的人际关系，进行社区服务或锻炼，等等。

在下一章中，我们将更详细地探讨内在工作，但整合阴影有时是从我们注意到自己做了一些出格的事情开始的。也许你真的很尴尬，你会想："为什么我刚才会这么生气？"有那么一瞬间，你看到了让自己不适的一部分。我们的盲点会以这样的方式瞬间暴露在我们面前。由3位荣格心理学分析师主持的播客"荣格派生活"第55集建议：将你不喜欢的人视为一面镜子，与其对照进行自我反思，从而了解自己的阴影。你的反应会不会暗示出被你拒绝的自我？荣格作家罗伯特·A.约翰逊告诉我们："阴影是我们无法看到或了解的部分。"正因如此，我们往往只能通过对他人的投射来瞥见我们的阴影。我们在人际关系中持有的某些观念通常是阴影所产生的反馈。正如莎士比亚的剧作《暴风雨》中的主人公普罗斯佩罗所说："这个坏东西我必须承认是属于我的。"

对我们的阴影进行研究总是会引出"家庭阴影"的概

◎ 1953年，荣格在办公桌前。荣格认为写作是尊重内心生活的重要体现。

念，以及集体创伤和文化创伤的模式。这些模式赋予某些价值观和存在方式特权，而拒绝其他价值观和存在方式。这些模式存在于无意识中，并且根深蒂固。为这些模式摇旗呐喊的人可能不会承认他们的行为（甚至对他们自己也是如此）。但我们应该记住：自我和阴影都是伴随我们的文明化进程而出现的。我们所有人都以各种形式承载着自我和阴影之间的对立。在我们这个时代，与身体、感觉和本能的联系减弱是一种常见的文明阴影——许多人都"活在自己的想象中"。荣格认为，唯有进行真实的内在工作和倾听我们内心的声音才能解决我们的时代危机。我们必须在现实世界中采取行动，用创造性的牺牲来代替神经质的破坏。

我是谁

我们中的许多人或许还能记起这样一段时光：作为一个三四岁的孩子，完全沉浸在游戏中。在我们的自我和阴影发生冲突之前，会有这样一段时光。

随着年龄的增长，我们的自我和人格逐渐成形，阴影则会渐渐隐藏起来。发生冲突时，我们会意识到阴影的存在，但在其他时间里，我们的另一面去了哪里？阴影是一种性格结构，它是我们人格的一部分。正是阴影对人格的威胁导致我们会问："我是谁？"它是内心挣扎的根源，经常促使我们去寻求治疗。

在治疗中，我们可能会发现，阴影不仅由被压抑的驱动力构成，也由意识所拒绝的价值观构成。没有哪个人是真正完美的，我们每个人都在某些方面做得很好，而在其他方面做得很差。如果仔细观察，就会发现人们的道德倾向于赞美某些价值观，而谴责其他价值观。但实际上不仅是在道德方面，我们在其他许多方面也是片面的。这就是为什么荣格强调要活出自己的整体性，而不是遵循一套特定的美德。这样做，我们就能在内心开辟一个更广阔的天地——一个对生活有更多回应的天地。

阴影"不仅包括应受谴责的道德倾向，也会显示出一些良好的品质，如正常的本能、适当的反应、对现实的洞察力、富有创造性的冲动等"[1]。荣格心理学分析师大卫·普雷斯托指出：阴影可以成为我们内心力量的重要源泉，"邀请自我进入父母情结所禁止进入的地方"。我们可能已经学会了不去做某些事，并且内心的声音也告诫我们应当如此，阴影所处的立场则相反——它是潜藏于我们内心的一股力量。越过我们文化中的"不可"，能够使我们发现真正能点燃内心的东西。越过内心的禁忌，可以帮助我们更好地发挥潜能，更充分地表达自己。整合阴影可能有助于我们以一种更贴近内心的方式

1 卡尔·荣格，
《荣格文集》。

去生活。阴影是我们内心的形象，当把它与自己的光明面重新连接起来时，我们往往会发现，能量又回来了。因为阴影"包含了稚嫩或原始的品质。这些品质在某种程度上会使人类的存在变得更有活力、更有特色，但往往不为惯例所允许"[1]。

也确实有一个原型阴影——一种我们永远无法融入的黑暗品质——但我们不应该因为这一点而垂头丧气。作为一个成年人，我们需要面对原型阴影，但不要陷入其中。与原型阴影的对抗，意味着在光天化日之下正视世界上的邪恶现实，而不是视而不见或立即否认到底（可能会不自觉地否认）。但正如尼采所警告的那样，我们不应该与原型阴影纠缠太久，以防被它的特性所控制。我们将在第6章中进一步探讨这个问题。

我们可以选择将自己的挣扎看作与世

1 卡尔·荣格，《荣格文集》。

界上更深的黑暗相对抗。作家兼编剧史蒂芬·普雷斯菲尔德将阴影描述为阻力——我们体内使我们失败而非成功的力量。我们可以用这样的具有强烈威胁性的抽象术语来描述阴影。但荣格心理学分析师安·贝尔福德·乌兰诺夫提醒我们，对付大坏蛋是我们每个人都可以做的一件好事："从广义上说，魔鬼的把戏是引导我们看清邪恶。我们可以做些什么，为永远无法实现的抽象和理想化的善而努力。"[1]

在这里，乌兰诺夫提出了一种特别的理论，即我们的文化偏向于抽象化，偏向于用局部斗争来换取宏大的蓝图。她明确了可以使我们避免落入阴影的另一种途径，提醒我们认识自己在这个世界上所处的位置，以及阴影对我们的重要性。乌兰诺夫强调，我们能做的好事具有神圣性，这也是荣格所认同的观点。荣格把我们与阴影的斗争视为最具价值的工作之一。

1 安·贝尔福德·乌兰诺夫，《心灵的智慧》。

如果可以成功地走完一段旅程，那我们可能会感受到自己重新焕发了活力，一种新的能量在体内流动。荣格认为意识的目的是跨越个人意义上的人格与阴影之间的鸿沟——这种观点反映了我们对道德行动的认同，并认为实现更宏大的个人意识是有目的的。我们将在本书接近尾声时进一步探讨这个问题。

阴影是人格的一部分，因此它希望以某种形式融入我们。它不能被论证为不存在，或被合理化为无害的。在我们与它搏斗的过程中，一些新的东西得以形成，一个之前不存在的统一体出现了。我们以一种未曾预期的方式变得更加完整。

TIPS

◆ 阴影——内心的分裂综合体，包含我们所拒绝的价值观。阴影是自我发展的产物，它包含了积极和消极的品质。

◆ 人格——我们理想中的自己的面貌，我们希望别人看到的样子，我们为适应社会生活而戴上的虚假面具。

◆ 投射——把我们自己的品质投放到他人身上。

◆ 集体阴影——一种文化中被拒绝的品质，是起到激励作用的无意识力量，可以出现在一个集体之中。

3

聆听梦境

寻找真正的自己

荣格认为他的心理学不是理论的集合，而是一种应用实践。荣格心理学与我们切身相关，让我们与自己建立更紧密的联系，让我们发现常规意识之外的部分并与之产生联系。聆听梦境就是一种典型的方法。在梦中，我们会发现存在于内心深处的十分活跃的声音。当然，也可以采用其他方法，例如写日记、创造艺术作品、积极想象、观察关系、进行心理分析治疗等。各种形式的实践都是为了让我们看到生活中无意识的活动。

通过这些方法，内心得以寻求荣格所说的"个性化"，即实现自我目标，包括有意识和无意识的自我目标。个性化意味着更了解自己，减少对内心的分裂和摧残，它是内心得到治愈的体现。荣格认为，与不同的内在品质联系能增进整体性，实现更健康的内心融合。若能在更大程度上看到和接纳自我，便意味着有意识和无意识之间内部分裂的次数在减少。这不仅能使我们更加清晰地认识周围的世界，而且能增进我们与他人的关系，使我们生活得更好。通过这种方式，我们可以认识到，个性化不仅仅是专注自我的深度自省，更是一种精神追求。是一项我们要么可以完成，要么无法完成的任务。与无意识进行的有效交流，能弥合自我意识存在的分裂。

荣格坚持认为："关注梦境是一种自省的方式。不是反思自我，而是反思本我，这会唤起那个令人陌生的本我。与生而存在的自我不同，本我是自我发展的内核。它对我们来说十分陌生，是因为意识引导我们渐渐偏离、疏远了本我。"[1]

荣格将内在工作视为一种"心灵园艺"，是个人发展的自然衍进。个性化就是我们这些橡子成长为橡树的过程（而不是驴——荣格本人提出的）。我们对自己、生活和无意识的态度会促进或阻碍这个过程（通常是无意识的）。要绽放最完

1 卡尔·荣格，《荣格文集》。

整的自我，不仅需要克服个人分裂和伤痛，还需要修复家庭和社会带来的创伤。家庭和社会生活带来的创伤阻碍了我们的健康成长。这项工作很难完成，所以获取外界的帮助是很有必要的。但这也需要我们对自己和治疗师坦诚以待，愿意抛开当前的自我，为真正的新事物腾出空间（完成这两件事可能十分困难）。

荣格心理学追求寻找真正的自己，包括目前已知的自我和未来的自己，而这其中可能包含更多的无意识的可能性。本章我们将研究四种完成内在工作的主要方法：解梦、积极想象、巧妙利用阴影和荣格心理分析法。荣格认为，发挥我们的个人潜力，与各自心中的恶魔搏斗，寻找精神上的联系并活出完整的自我，不仅对个人有益，而且能有效治疗我们这个时代的集体阴影。此外，内在工作有助于弥合我们文化中普遍存在的分裂。

解梦

　　解梦是人类与无意识互动的最初方式。从《圣经》里的雅各布到《吉尔伽美什史诗》，再到我们的本土传统，我们看到了祖先对梦中智慧的好奇和尊重。

　　许多受尊敬的先知和受爱戴的诗人都是在睡梦中获得灵感的。

　　弗洛伊德和荣格都对解梦有着浓厚的兴趣，但也是在这方面产生的分歧，导致他们关系决裂。弗洛伊德认为梦是伪装的愿望，相反，荣格将梦视为用象征性语言在内心表达的自然现象。因此，荣格认为神话和童话故事对解梦很有帮助。此外，神话和童话故事还阐释了符号的各种含义。"扩充"是荣格心理学中的术语，指的是利用符号在神话中的各种含义对符号进行分析。同时，用神话来解梦并不意味着简单地将内在形象等同于外部神话，荣格的方法与之恰恰相反。在荣格看来，神话是进入冥想空间的钥匙，而我们应当持有的态度是：不知道梦在暗示什么，希望找到一个答案，以此唤起做梦者心中有意义的情感反应。扩充或利用神话解梦，有时可以帮助做梦者超越理性判断、了解梦中呈现的情感真相。每个意象都有广泛的象征性含义，虽然没有超出我们的知识范围，但是为未知的甚至不合理的可能性留出了空间。

分析师可能会好奇做梦者与他们的梦有什么联系。"这些图像对你来说意味着什么？你认为它们指代什么？"这一提问过程虽然有用，但也有局限性。如果我们联想得太多，就会丢失梦本身的现实意义。直接对做梦者展开联想会有所帮助，但不能用于寻求梦的含义。

荣格解梦的第一条法则是将梦视为一种象征性的语言。神话被用来放大梦中的意象，寻找做梦者内心认可的意义。荣格解梦的第二条法则指示人们不要按图索骥。字典上的符号定义无法代替梦中世界的真实场景，我们必须抱着什么都不知道的态度，不要将自己的理论和梦等同起来。第三条法则是最好坚持以梦境、场景和图像本身为主。经常回顾实际的梦境、梦中的行动以及梦与做梦者现实生活的关系，而不是迷失在过于梦幻的解释或过于简单的理论中。让梦不言自明，然后耐心地回归梦本身。第四

◎ 荣格在1907年送给弗洛伊德的一张明信片。荣格和弗洛伊德经常联系。

条法则是要密切关注一系列梦的主题，因为主题会随着时间的推移发生变化。

　　一般来说，梦是无意识对生活中所发生的事件做出的反应，反映了人的内心健康状态，甚至能预警即将发生的事情。因为荣格认为心灵本身就可以进行自我纠正，能够自愈，所以在他看来，梦常常是对错误的意识态度的补偿。梦反映了真实的心理状态，包括做梦者性格或态度的失衡。此外，荣格认为，不断往复在意识和无意识之间，心灵能得到成长。我们不断地摆脱当前的自我，再变成更好的自己，其中包括摆脱之前无意识的部分。梦会促进这一成长，也许比其他任何自然功能更有用。只要我们做梦，就从内心推进了这一成长过程。

梦之所以如此神奇，也许是因为它与我们的现实生活产生了联系。在梦中发现真实的个人意义是一种深刻的体验，荣格找到了发现这种意义的三种方法。第一种是从客观层面看待梦境，梦中的人物和行动都指代现实生活中的人和行为。第二种是从主观层面看待梦境，梦中的每个角色都代表着个人内心的想法。第三种是认为梦在原型层面上具有意义，在原型层面上，我们能听到内心的集体声音或感受到更广大的世界的意义。（我们将在第4章和第6章详细介绍与原型相关的理论。）一个单一的梦也可以同时拥有这三种层面的意义。

今天，荣格心理学分析师经常说梦与现实之间有重合的部分。罗伯特·博斯纳克认为，梦不是故事，不是电影、考试或戏剧，梦是空间中的偶发事件，是空间的表达。梦有其现实性。我们可能会发现，自己能够在醒来时，甚至数天后重新进入特定梦境的空间。人睡着时意识能够进入的空间，就是梦存在的场所。我们在梦中遨游的空间是内心的自然世界，和白天航行的世界一样真实。

通常，谈到梦境，我们会问"这个梦有什么含义"，或者"为什么会做这种梦"。内在工作的另一种方法更加关注梦境与现实的关系，它将梦视为一个可以参与其中的生活现实。圣巴巴拉市太平洋研究生院的创始人斯蒂芬·艾森斯塔特博士开创了"孵梦"技术。这是一种让我们倾听梦的技术，能够孵化并让人体验生动的梦，让想象的世界和外部世界一样真实。关于梦境，他建议我们问："来访者是谁？""这儿发生了什么？"除了联想和扩充之外，他还以动画的形式进行展现——将梦、梦中的人物和风景视为鲜活的存在，诚邀我们身临其境。

当然，"孵梦"的第一步是与之建立联系，将梦记录下来。每天通过这种练习与内心世界保持连接，增进我们与内心世界的联系。荣格不仅记录他的梦，还花费大量的时间采用绘画和雕刻的方式，借助墨水、油漆和木头勾勒梦中的图像。荣格学派的学者认为这一部分工作非常重要：因为当我们将稍纵即逝的无形的事物变成有形的事物时，我们会以此为荣。将无形的梦具化为有形的事物，这件事比梦本身更令人震撼。

同样，荣格还注意到，梦传递的信息经常指向我们的身体和现实生活的困境。这种信息传递使我们充满活力，并重新与现实世界建立关系，而不是与之脱离。"解梦在一定程度上丰富了意识，使之重新学习被遗忘的本能语言。"[1]艾森斯塔特认为，与身体产生联系是对梦做出反应的必要部分。理性思维使人追求意义，这常常使我们无法与梦中遇到的生动的意象产生互动。"要想去梦境的诞生之地探究梦境，你必须先让内心与现实隔绝，然后进入梦境之门。"

1 卡尔·荣格，
《荣格文集》。

积极想象

荣格处理无意识的方法，本质上是一种涉及关系的方法。关于心理症状，荣格认为那是我们心中某种不可名状的事物在向我们传达信息。只要我们让自己耳根清净，在内心中静静倾听，那种事物就会转变成能够与我们交流的意象。

荣格将此过程称为积极想象，因为他相信心灵会不遗余力地向我们表达自己。如果我们捕捉到了内心意象所传达的信息，千万不要强行干预，而要如实地把它们写下来，最好是画出来，与我们内心存在的无意识建立关系。如果我们陷入批判性思维，这个过程就会受阻；如果我们"让无意识起主导作用"[1]，它就会向前发展。

1 卡尔·荣格，《信札》。

在积极想象的过程中，要专注于一个图像或一种感觉，然后允许一连串与之相关的幻想发展下去，逐渐呈现出戏剧性的特征。这不是简单的白日梦（被动想象），也不是有意识的创造，而是在无意识的内心世界里真正与有意识相遇。

第一步是要战胜对意识的怀疑。给内心意象赋予足够的真实性，使对话得以实现。这比较困难。与其说这是一种技巧，不如说是一种对无意识的态度，认真对待无意识的现实，允许其独立"生活和呼吸"。我们需要允许在脑海中漂浮的各种意象存在。但接受无意识的存在很困难，因为我们习惯于认同有意识的自我，而否定其他内在的声音。

一旦战胜怀疑，进入接受状态，下一步就是保持这种状态，同时也有意识地参与这个过程，接受并积极陪伴、款待我们的客人。我们倾听、表达，也许会提出问题，甚至与我们听到的内容发生争论并反驳它。关联的行为可以是内在幻想，也可以是可视化的对话或艺术创作。

荣格把他内心世界的意象变成了外在世界的真实存在。素描、文字、油画、木雕、石刻和其他物品，都是

◎ 荣格《红书》中关于"金色城堡"的插图。

由他尊重内心声音的行为而产生的。所有创造性的作品都可能成为内在意象的产物——"创造性的声音从你的内心激发出了什么？""内心的声音在低语什么？"

积极想象不是自我与无意识的对抗，而是跳出与自我观点的统一性，接受我们体内的另一个原型，允许内心的一位或多位他者发声。积极想象需要我们在熟悉的观点和新的声音之间保持中立，这样才能治愈自己。有了意识和无意识的动态参与，积极想象使内心更加统一，实现了荣格所说的"整体性"。治愈方式是"利用无意识本身的力量，使游离的意象逐渐回归到意识自我中"[1]。

由于这一过程能产生实际疗效，我们可能想要怀着敬畏的态度对待它。荣格心理学分析师阿尔弗雷德·阿德勒曾与荣格一同在伯格尔兹利医院受训，他提醒我们：这一过程使我们承认无意识的存在，

1 琼·辛格，《荣格心理学的实践：心灵的边界》。

让我们认识到"心灵中真正有力和有创造性的一面……它非常了解我们对融合的真正需求和实现融合的方法"。

一般而言，最好将积极想象放在分析的后期进行，或者有机会接触到专业人士时再完成。深入无意识的旅程治愈潜力巨大，但也可能带来真正的心理危机。

巧妙利用阴影

荣格通过观察患者的生活，发现每个人都有自己的路要走——"适合某人的鞋子，别人穿会夹脚。没有适用于所有情况的生活方式。"他还能在我们犯的错误或做出的糟糕决定中看到心理学价值——"不幸的是，通往'完整'的旅途中注定有弯道、错路。"起初，荣格发现患者们将世俗的祝福视为一种潜在的心理危险（比如"愿你信心满满"），并将生活中的挑战视为一件值得庆祝的事情，因为挑战能激发人的成长潜力——"你被解雇了？恭喜！"

荣格认为，阴影具有潜在价值。如果我们能够正视并看清愚笨的本质，那么就会收获智慧的源泉。人们的阴影各不相同，所以很难描述阴影融合。所有人需要成长的部分、需要融合的方面都有所不同，但可以用一些通用的方式来理解这个过程。

理解阴影的临床心理学方法之一，是理解被压抑的童年创伤。荣格经常说：阴影是另一个幼稚的自己。这样我们就可以理解，阴影是我们的一部分，也是受伤最深的那部分。成长的过程中充满令人羞愧的经历，所有人都有一个原始的分裂的自我。因此，大多数人需要专业的心理帮助才能进行阴影融合。

　　因为阴影由婴儿时期的心理构成，所以它通常和我们与身体的联系有关。最初令人羞愧的经历大多来自我们的身体，因此，对于许多人来说，融合阴影意味着改善与身体的关系。当今社会总是善于将我们的精神与身体分开，在大多数时间里，我们都被屏幕包围着。孩子在电子产品的陪伴中长大，电子游戏无处不在，创造了比电影更多的收入。意识为我们培养了限制本能反应的能力，但这种意识现在已经脱离了我们的身体。涉及数字表象和抽象事物的一切都对我们产生了影响。我们太关注自己的想法。过度的理智化是问题的所在，导致我们丧失了感知周围世界的现实性的能力。

　　荣格心理学分析师安·贝尔福德·乌兰诺夫描述道："后现代全球化在带来良多益处的同时，也带来了感觉和信息大爆炸，导致一种混乱的觉醒，使人不知身在何处，不知如何在社会中安定下来。人们无法在具体的位置、身体或社会中安定下来。"

因此，阴影融合在某种意义上意味着帮人们定位，将身体融入真实的社会中。现在，阴影融合往往需要人们改变生活方式。比如改变饮食习惯，增强锻炼，或学习一两种新的技巧。

播客"荣格派生活"的主持人建议我们，从最不喜欢的事物或困扰、激怒我们的事物中寻找阴影，抓住我们对这些事物的反应，用纸和笔写下当时的感受，进而对其产生好奇心："你最烦恼的是什么？"至少，你期待获得能让自己摆脱烦恼的力量。

荣格心理分析师和作家琼·辛格指出，积极想象有助于阴影融合，因为它往往会倾听我们内心被拒绝的声音："能成功进入这种对话的人知道，这不同于建议或'播种无意识'。当自我的控制倾向被搁置时，涌现出来的往往是最不受期待或最不想要的内容。"[1]

以这种方式考虑积极想象，可能会让我

1 琼·辛格，《荣格心理学的实践：心灵的边界》。

们从不同的角度看待创造性工作。这不仅是幻想，更是对内心想要呈现的某种东西的释放。富有成效的创造性工作往往是我们内心紧张的副产品，能让人放松。艺术家的作品不仅是提供给观众的，也是对艺术家自身的治愈。

作家兼编剧史蒂芬·普雷斯菲尔德指出，阴影是我们创造作品的"阻力"。他写了一本很有用的书，名为《艺术之战》。他在书中写道：阴影阻碍我们发挥潜力并活出最好的自己——"大多数人都有两种生活：我们所过的生活，以及我们内心未曾活过的生活。'阻力'存在于两者之间。"

◎ 作家兼编剧史蒂芬·普雷斯菲尔德采用荣格的方法证明阴影阻碍了创造性工作。

在荣格看来，阴影是对完整自我的挑战。我们体内有这样一种活跃的力量，它看上去像是本能，心灵希望将它转变为意识，而阴影则希望它融入无意识中。至少在某种程度上，我们想要隐藏自己的黑暗面，尤其是不为自己所知的一面——"无意识想要变成有意识，但最终是徒劳。"[1]

保持紧张感，看到自己不为人知的一面，在这样的动态过程中，很容易看出它与成瘾（最常见的阴影之一）的关系。我们无法通过有意识的意志控制自己的某一部分，真切地体验阴影的现实和力量。阴影以成瘾的方式体现，从而表达自己。但在这个时候，复杂的内心动态在起作用，所以最好通过临床工作来处理问题。荣格还经常提醒，人们还可能会沉迷于"主义"，包括民族主义和理性主义。

阴影融合使我们清楚地看到自己如何

1 卡尔·荣格，
《荣格文集》。

失败并反复犯同样的错误，这意味着我们可以近距离观察自己的弱点。有多少人愿意直面自己最糟糕的个性、弱点，以及最可耻的行为、最痛苦的失败？无论是追求权力，还是依照父母的想法生活，都能显示出我们的阴影。性取向、宗教信仰或财务状况也可能展现阴影。辜负他人，也可能是阴影的体现方式。带着阴影工作，意味着与过去的遗憾和艰难的内心现实做斗争。我们在两难的处境中生存，这一困境便是阴影。

荣格说："即使人们能够融合阴影，并允许阴影融合在一定程度上得以实现，也需要经过必要的批评加以缓和，才能使阴影融合产生作用。这会导致内心冲突和自我厌恶，但也会带来自立。倘若没有自立，个性化也不会存在。"[1]

对人们来说，在中年时期面对阴影是最具挑战性的心理任务之一。我们还没

1 卡尔·荣格，《荣格文集》。

意识到这一挑战，它就已经发生了。我们开始看到自己无法忍受并且不愿承认的个性——"阴影是一个人不愿成为的东西。"[1]被分裂出去的那部分自我，拥有我们抗拒的价值观和不愿在自己身上看到的个性。但是正如荣格意识到的那样，它希望更深入地融入意识。在这个过程中，发生了一些意想不到的事情。

在荣格学派的心理学家看来，个人阴影也会带来生机。融合阴影意味着补充失去的能量和灵感源泉，它会使内心的坚硬之处变得柔软，丰富我们对待生活的态度。通常它还会加强我们与内心精神世界的联系，让我们更加信任、同情他人和未来的自己。琼·辛格曾指出：成功完成阴影融合带来了真正的变化——"视野不再狭隘，观点不再片面，有效的交流代替了进攻，被动接收变成了主动寻求。这些变化通常很微妙，但也是深刻

1 卡尔·荣格，
《荣格文集》。

的，经历过这些变化的人知道，自己的生活方式改变了。"[1]

阴影融合带回了本属于内心的东西。为了更好地与之重逢，最好将阴影描述为内心存在的鲜活的"另一个人"，一个有着我们抗拒和厌恶的个性的人。我们可以感觉到内心存在的个人阴影，并与之产生联系——"意识到它，就需要认识到人格的黑暗面是真实存在的。"

贝卡·塔纳斯是一位学者，她曾研究过卡尔·荣格、约翰·罗纳德·瑞尔·托尔金及其作品。她观察到，托尔金小说中的咕噜的性格很好地体现了我们内心的形象。她认为，几乎所有的分析都证明了咕噜这个生物与阴影的相似之处。咕噜是佛罗多的个人阴影，也是三个霍比特人——佛罗多、山姆和比尔博的集体阴影。除此之外，咕噜还是自己阴影的化身，因为他是从霍比特人斯米戈尔的原始个性中分离

1 卡尔·荣格，《荣格文集》。

出来的个性特异的化身。

听到阴影的声音会使人不适，这一内心的对立面总是持有与我们不同的观点。我们虽然有可能与阴影产生联系，甚至获得健康的融合，但是永远不会与其达成一致。在托尔金的作品《霍比特人》和《指环王》中，主角比尔博和佛罗多都与分裂的阴影——咕噜保持着联系。他们压下了杀死咕噜的念头，并与咕噜成为伙伴，这有助于他们完成各自的使命。

荣格心理分析法

荣格心理分析法是一种心理治疗方法，旨在更健康地整合有意识和无意识。这项工作使我们收获整体性（将无意识更充分地融入我们的生活经验）以及个性化（更好地实现自我），并且有助于我们解决心理问题，改善心理健康，培养成熟的个性，还会使我们发现个人意义和个人价值。

荣格心理学分析师引导人们完成这一过程。分析师在世界各地的荣格学院接受培训，他们一般都在40岁以上，拥有本科以上学历，还必须在接受培训之前与其他荣格心理学分析师共同完成100小时的工作。一旦入选培训计划，他们必须再独立完成大约300小时的个人工作。虽然荣格心理学分析师接受的培训还包括大量临床实践和学术教育，与大多数临床心理学博士的课程相当，但其重点关注自己的素材，这与其他心理学家不同。

被荣格心理学所吸引的人通常会着眼于原型意象，进而选择接受治疗。但在大多数情况下，心理治疗工作最初关注的是早期生活的痛苦和创伤，以及个人自我意识的增强。

几乎每个来访者，即荣格心理分析法中所称的"分析对象"，都受过某种童年创伤。荣格认为，这些案例中造成创伤的大部分是个人阴影。荣格心理学分析师必须寻找这些个人阴影之间的联系，并了解早期生活的创伤是如何影响人们的心理状态的。所以，现在荣格心理学分析师接受的培训还包括对依附理论和其他现代心理学思想流派的研究。

在融合无意识的内容之前，大多数分析对象必须首先支持他们的个人自我。在这种情况下，分析师将努力强化分析对象的积极个性，并帮助当事人认识到自己的能力和优良品质。分析师和分析对象之间这份真诚的合作关系，也使得当事人的自我提升至更加健康的状态。荣格和弗洛伊德心理分析方法的一个主要区别，是荣格心理学分析师面对当事人时能保持个人立场。荣格心理学分析师对当事人开诚布公，而不是保守客观、保持距离。他们坦率地展示对当事人的同情心，并欢迎当事人讨论对分析师本人的感受。在荣格心理分析法中，分析师和当事人之间真诚的关系得到发展，收获之一便是使当事人的内心获得更加健康的自我。

一旦建立了坚定的自我，就可以开始面对无意识的工作。荣格心理学的建立基于以下观点：意志力无法克服无意识的影响。精神分析学旨在深入研究意识和无意识之间的对抗及其对抗机制。荣格心理学分析师掌握第一手资料，学习如何成功引导无意识力量。他们就像向导一样，带领分析对象直面无意识。

一位好的分析师不仅应该完成他们的初步工作，还应该继续深入。整合无意识是一项终生的、持续性的工作。一位好的分析师能认识到人们内心复杂的动态活动，并不断完善自己的心理学理论。他们不断尝试，去捕捉自己的盲点，还与导师或其他分析师合作，并得到帮助。通过接受严格的临床教育，不断与无意识接触，荣格心理学分析师能够了解通往心灵的路径。

分析师能够帮助人们区分父母情结和阴影。父母情结是你内心发出的批评的声音，而阴影则在你不再聆听这些批评的声音时才可能出现。分析师知道，过分隐藏在人格面具之下的人很有可能失去他们真实的自我。父母把不如意的生活经历强加给不讨人喜欢的孩子，分析师需要找到并关注这些经历。

心理治疗一般与我们生活中的各种事情相关联，尤其是人际关系。荣格心理分析法不仅仅关注解梦，还着眼于人们自发的幻想。荣格心理分析法还研究受到关注最多却又难以攻克的领域。也许最重要的是，荣格心理分析法不仅关乎洞察力，更要用洞察力做一些事情。洞察力使我们生活得更充实，让我们找寻需要实践的东西并去执行。如果我们想在道德层面审视某个人的生活，就要去体验他的活法，然后帮助他活出对他来说是充满希望、人格健全、无可替代的自己。

托妮·沃尔夫可能比任何人都更能解释清楚这一点。荣格学派畅销书作家罗伯特·A.约翰逊讲述了如何坚持让她的分析对象从无意识中获得洞察力的故事——"还记得你上周的梦吗？"托妮强烈地感觉到，分析失败的一个原因是人们拒绝真正去实践梦和生活指示的事情。在思想领域，我们很容易陷入困境。心灵渴望的和我们需要的，就是将这种洞察力带入我们的生命体。

托妮强调，有了洞察力，分析对象才能在现实世界中做一些切实可行的事情；没有洞察力，分析对象就无法被治愈。在完成内在工作的过程中，我们对生活的态度会发生变化，从而得到成长。如果分析对象愿意去完成那些切实可行的事情，托妮便会悉心指导他。但如果分析对象犹豫不决、瞻前顾后、含糊其词，托妮就会避而不答，让对方转身出去。当门"砰"的一声关上时，她会说："能身体力行时再回来吧。"

◎ 托妮·沃尔夫（1888—1953），著名的荣格心理学分析师，与卡尔·荣格关系密切。

TIPS

◆ 个性化——实现自我的目标，包括我们有意识和无意识的自我。

◆ 整体性——无意识素材逐渐融入意识的状态。作为分析的目标，整体性通常会被与完美进行对比。

◆ 象征性语言——荣格发现无意识使用象征性语言表达自我。一幅图像可以被理解为一系列含义，这些含义在同一有意义的主题下相互关联。

◆ 联想——脑海中出现的与象征性内容有关的概念，自发出现的与梦境中意象相关的想法。

◆ 扩充——通过观察符号在神话中的各种含义，深化对符号的理解。

◆ 积极想象——培养内在空间的过程。在这个过程中，意象变得生动，还有可能同内在形象进行有意识的对话。

◆ 分析——一种将无意识内容带入意识的心理疗法。

◆ 荣格心理学分析师——荣格学院培训项目的毕业生。分析师会完成广泛的个人内在探索和心理临床训练。

◆ 分析对象——荣格心理分析法的参与者（当事人）。

与弗洛伊德的决裂

潜在自我的展现

也许荣格心理学中最重要的概念是"自性"。荣格认为，有一种核心力量在引导人们发展，这种力量体现在我们改变形态和进化的能力上，与此同时，我们还保留着个人特点。正如鹦鹉螺一样，其外壳虽然不断变大，但始终呈螺旋状盘卷，大自然在刺激我们进行改变的同时，也保留了我们天生的模样。生命系统有一种本能，即在保持其结构的独特性和完整性的同时，不断进行自我更新。在个人生活中，自性是潜在自我的表现，有助于让个人更

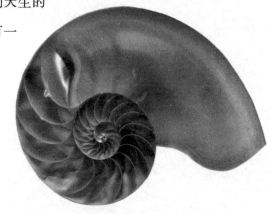

◎ 鹦鹉螺的外壳在不断变大的过程中保持着螺旋形，就像我们也有自己的特征，无论怎样成长变化，都会将特征保留下来。

好地融合内心的有意识和无意识。荣格看到，自性在不断地引导我们保持平衡，变得更加完整。正如许多自然系统一样，心灵能够自我调节。

荣格相信"个性的成长来源于无意识"[1]。个性驱动人们实现自我，做好自己。个性化促使有意识和无意识达到最佳相处状态。荣格心理学关注无意识在这一交流过程中试图展现的内容。无论是通过梦境还是其他内在工作（抑或没有内在工作），我们都可能发现无意识对现实生活中的冲突的影响。当然，最晚到中年，许多人就会发现，自己的非理性行为或迹象指向的是他们内心中超越自我的部分。我们虽然很难做到象征性地欣赏日常生活中的困境，但可以看到内心深处展现的自我。无论如何，推动有意识和无意识之间的交流能帮助我们成长为自己想要的样子。正是以这种方式，"橡子变成了橡树，

[1] 卡尔·荣格，《荣格文集》。

095

而不是驴子"！相反，如果切断有意识和无意识之间的联系，那么人往往会僵化，无所适从，最终感受不到快乐。当我们与内心世界交流，内心的冲突可能会减少，内在工作可以改变我们对待外部世界的态度。当我们与自己和解，便会感到更加自在。在变得更加完整的过程中，我们活得更加真实，而且通常能够更好地表达自己，分享独特的天赋。聆听内心深处的声音，可能会促使我们的内心获得成长。寻找生活的意义，能使我们更加深入这个世界。

在荣格看来，自性是我们追求个性化、内在精神和道德的动力源泉。自性体验神秘而强大，动态而超然。除了强大的生物本能，我们还有同样强烈的冲动，即成为我们可能成为的人，并与超越个人的事物建立联系。

在目睹自性促进人们成长的过程中，荣格还看到了心灵中的另一股强大力量，一个更大的框架，维持着有意识和无意识之间的张力，以及它们之间动态的相互作用。在弗洛伊德看来，意识压抑了某些经历，迫使它们在无意识中沉沦。而荣格认为，无意识是意识出现的基础。

荣格用自性回答了是什么让我们努力变得更有意识、道德和爱心，更加清醒、具象和完整。宗教信仰通常将上帝置于人们内心驱动力中的核心位置，而荣格看到，人们的自性形象和上帝的形象有所重叠。心灵的统一性得以展现时，自性与内在的神圣形象便会产生联系。

弗洛伊德将超我置于人格结构的顶端。超我吸收了周围潜移默化的集体影响，是我们在成长过程中所体验的前人的道德力量。弗洛伊德认为，人性本身就是我们追求更高道德境界和更多心理能量的动力。

在圆圈中治愈

荣格发现，人们在精神崩溃或自我意识增强时，会冲动地在心灵中创造中心化的圆形图像。荣格注意到，当患者的精神状态跌入谷底并面临全面危机，他们可能会绘制圆形或其他中心对称的图像，表明他们希望恢复秩序和结构。此外，如果我们观察自己心中的神圣形象和修行禅定的图形，例如东西方的曼陀罗图案，就会发现这些四方形、同心状的封闭设计具有相同的表达含义。

自性的主要形象是坛场。在这里，自性是我们的保护者。在许多地方传统中，患有精神疾病的人会被安置于一个真实构建的神圣圆圈形的场景中。在这个神圣圆圈形的场景中，患者会被引导着与内心的中心重新连接，从而得到治愈。荣格观察到，当一个人的头脑非常混乱时，象征自性的曼陀罗图案会在其梦中出现，或在其绘画中呈现。"曼陀罗"是梵文中的一个术语，意为"坛场"，荣格将曼陀罗图案视为通灵活动的载体。自性形象的出现提醒我们，我们的内心不仅存在心灵中心，还包括有序、有限且可用的场。按照传统，这些图案被用于宗教礼拜活动，因为这些图案与我们的自性形象相符合。琼·辛格指出，"圆形或球体似乎最能塑造自性的中心性、广泛性和包容性"[1]。她还曾强调，自性指"一个人必须以某种神秘的方式激发其创造潜能"[2]。安·贝尔福德·乌兰诺夫曾说过，自性有助于我们了解上帝。

当我们还是孩子的时候，我们的原型自我形象的持有者可能是父母。我们将自己的控制力投射到父母身上，他们便占据了我们心中神明的位置。成年之后，这种影响可能仍然伴随着我们，塑造我们对世界无意识的感知。由于个人自性是我们实现个性化的动力，对精神疾病的治疗内容包括探索自我与父母持有的原型自我形象之间的差距。可以想象，一位古鲁（印度教宗师）在这场冲突中扮演的角色即是

1 琼·辛格，《荣格心理学的实践：心灵的边界》。

2 琼·辛格，《荣格心理学的实践：心灵的边界》。

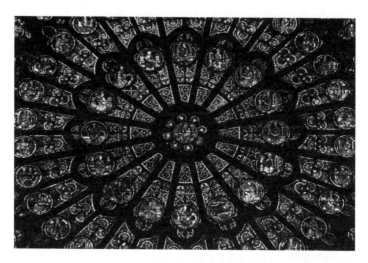

◎ 巴黎圣母院的玫瑰花窗是一件宗教艺术品，它通过曼陀罗图案描绘自性。

自性投射的新工具。

　　在荣格的个人心理学著作中，自性形象是关键。荣格的家人表示，其艺术作品《红书》中描绘的最多的就是曼陀罗图案。在神圣的艺术世界中，自性形象无处不在：沙特尔圣母大教堂迷宫，巴黎圣母院的玫瑰花窗，美丽的纳瓦霍沙画，还有炼金术士的宇宙图。

　　荣格在他描写 UFO 的书中格外关注飞碟与自性的关系。飞碟的圆环形状和神秘的质感使之成为我们内心投射的理想载体。笔者也曾重点研究过与此类似的麦田怪圈（麦田中形成的神秘图案）。将这些图像放置在庄稼中，说明自性的本质不仅关乎精神、抽象概念和心智，还关乎身体、世界和自然。荣格心理学分析师、作家莱昂内尔·科贝特曾强调，自性还能以各类生命体（包括植物和动物）的形式出现。这种形式的自性通常表明做梦者需要重新与他们的人格或本能建立联系。

荣格看到，人类文明特别强调自性。他认为，对西方人而言，自性就是基督。因为在西方国家，基督是英雄的原型，代表着人类最高远的志向。所有这一切都非常神秘，有时甚至令人恐惧。

也许，荣格对我们内心自性的描述之所以如此令人恐惧，是因为自性是一个非常片面的角色——只从个人最高理想看待自己，因此完全遗失了阴影。现如今，气候变化和政治纷争等影响是否悲惨地向我们反映了这种阴影？我们是否看到了自身性格缺失的丑陋一面？

想要了解更多有关原型自我的信息，请查阅杰弗里·米勒的《超越功能》、荣格的《转化的象征》、莱昂内尔·科贝特的《心灵的宗教功能》、安东尼·史蒂文斯的《重新审视的原型》，以及爱德华·F.埃丁格的《自我与原型》。

荣格与弗洛伊德：从亲密到决裂

1905年，荣格出版了《字词联想研究》。1906年，弗洛伊德阅读了这部著作。两人自此频繁通信并持续多年，他们的关系很牢固。

荣格研究弗洛伊德的作品已久。1908年，他成为当时新成立的专业期刊《精神分析和精神病理学研究年鉴》的编辑。1909年，荣格与弗洛伊德一起去克拉克大学做讲座，促进了精神分析学派在美国的成立。在漫长的海上旅程中，他们互相分析了彼此的梦境。

1910年，弗洛伊德宣布，打算让荣格成为他的职业接班人。荣格确实成了他们专业协会的主席，但这位继承人一直对老师的一些观点表示怀疑。1912年，荣格出版《无意识心理学》，公开阐明了他与弗洛伊德在心理学上的严重分歧。

弗洛伊德的理论主张内心冲突主要来源于被压抑的性欲，荣格则认为个人发展是内心的召唤。弗洛伊德认为心理学完全属于个人和生物学层面，荣格在患者和他自己身上看到了超越个人的无意识层面。弗洛伊德认为不仅仅是神经症，所有的创造力和宗教信仰都是本能被压抑的表现；荣格认为人类的本性具有极其强大的精神本能。弗洛伊德认为无意识图像与特定的历史因素有关；荣格将无意识图像视为象征性的，并具有一系列可能性（包括非理性的可能性）的原型表达。弗洛伊德认为内在生命可以还原为生理冲动，荣格从患者的梦中看到了显现的超个人模式。当时，弗洛伊德对所有精神上的可能性都非常抗拒，

◎ 西格蒙德·弗洛伊德（下排左）和卡尔·荣格（下排右）在1909年访问马萨诸塞州克拉克大学期间的合影。

◎ 1913年1月3日，西格蒙德·弗洛伊德写给卡尔·荣格的一封信。这封信标志着两位分析师之间亲密友谊的终结。

荣格认为他能理解其中的原因。

荣格从他与弗洛伊德的关系中获益，并在心理层面获得成长。荣格尊重弗洛伊德人生中重要的创举，但是在《无意识心理学》（1916年首次出版，1952年再版时更名为《转化的象征》）中，他与弗洛伊德决裂这一事件被公之于众。

1912年11月，在慕尼黑的一次会议上，荣格不赞同弗洛伊德对埃及符号的解释，最后他将对话与更大范围内精神分析运动中的分歧联系起来。（弗洛伊德被气得当场昏倒，荣格把他抬到沙发上。）1913年9月，在第四届国际精神分析大会上，荣格就心理类型理论发表了演讲，那是他与弗洛伊德的最后一次见面。

对抗无意识

与弗洛伊德决裂之后，荣格感到自己迷失了方向。强大的导师曾持之以恒地支持并指导他，但是现在，他只能独自进行研究。他反对教条的会面方式，希望来访者尽可能多地进行无意识的表达；他相信患者和其梦境之间的联系，以及他们的对话所引发的一切。这种与无意识一起工作的自然方法令荣格满意，逐渐使他的工作变得稳定，还带给他一种平静的感觉。

荣格赞颂心灵的智慧，他认为自己的任务首先是倾听它。在这个过程中，他强迫自己战胜疑虑，接受内心中令人不适的意象。他进入幻想，当一个内心的意象出现时，他便上前与之交流。他制定了一条规则：遇到一个或多个意象时，坚决不能让对方离开，除非对方说出出现在他面前的原因。他致力于记录与内心意象交流的内容，并解释他从内心意象和梦中看到的东西。

他尝试将内心意象呈现于现实世界，将自己的无意识体验转化为实物。在荣格的一生中，他刻木雕和浅浮雕，独立制作石雕，绘制壁画和天花板壁画——这一切都受到了他内在生命的影响。1913年末至1917年间，他尤其致力于创作一系列关于自己内心意象的手稿。直到1930年，他才对这些手稿进行修改，并用花体字将内容誊抄到一本用红色皮革包着的册子中。在这部手稿中，他还使用书法钢笔、彩色墨水和水粉颜料绘制了大量能反映他内心意象的绘画，但他生前立下遗嘱，禁止后代出版。在创作这部书稿的过程中，荣格与无意识相遇，并且是最具影响力的相遇。这深刻地证明了荣格对无意识的贡献。2009年，这部手稿终于得以出版，名为《红书》。

荣格倾听那些来自无意识的声音，并认真对待它们表达的内容，无论这是否符合理性判断。他通过艺术创作呈现出了自我所抵制的东西，还发现创造力能够促进自我治愈。

抱着游戏的态度，荣格保持着涌现的内心声音和自我之间的对抗。这种对抗催生了一些新的东西：新的理解、新的态度或新的象征，荣格称之为"超越功能"。"当我面对

◎ 出自《红书》的一幅插图，由荣格绘制。

幻想时，我发现无意识会发生变化。"[1]这个变化过程在自我和阴影之间尤为明显。但是自我必须放弃控制结果，必须放弃利用无意识作为动力的所有企图。这样做会让本能回归到无意识中，从而产生更多的创造力。

在《荣格自传：回忆·梦·思考》一书中，荣格讲述了一个梦境，是关于他的孩子们围坐在一张翠绿色桌子旁发生的故事：一只鸽子落下来，变成了一位金发少女。她和孩子们玩耍，在大厅里互相追逐。在变回鸽子飞走之前，少女给孩子们留下了一条信息。这个梦最终让荣格想起了童年玩积木时陶醉的状态。他意识到，他内心的这一状态仍然存在："小男孩儿仍然存在，并且拥有我所缺乏的创造性生活。"倘若他能在方方面面都尊重这种能量，那么这种能量就能提升他的创造性。

此后，荣格试图以特定的、振奋人心

1 卡尔·荣格，《荣格自传：回忆·梦·思考》。

的方式来召唤那个小男孩儿。在他看来，一个人只有与内心意象相关联并完成它的要求，才算是真正成熟了。荣格认为内心意象有自己的意识来源和实际经历，并为有意识提供了某些特有的东西。

这段时间里，荣格有时会担心自己的精神状态。无论是为了患者还是为了自己，他都要深度参与内在工作，而这正是他构建心理学的基础。幸运的是，他的妻子艾玛和孩子们在现实生活中支撑着他，而托妮·沃尔夫则是他

◎ 卡尔·荣格与妻子艾玛。

的心灵伙伴。托妮与荣格处在相似的困境中，但她无疑为荣格成功走出那段时期做出了贡献。艾玛非常感谢托妮为荣格做的事情，她认为，在那个最关键的时期，自己或其他任何人都做不到那些事。

荣格为无意识做出的创造性行动是将内在生命呈现于外部世界，在这个过程中，外部世界的很多事情也需要他去处理。《转化的象征》中有一章是《牺牲》，荣格知道这本书会让他失去弗洛伊德。他认识到失去投射对象并收回它所包含的能量的必要性。他明白，步入成年意味着放弃对无意识、童真的幸福的渴望，要放弃倒退的幻想。正视自己通常意味着看到我们不想看到的事情，承认我们造成的伤害。"承认个人阴影的人非常清楚自己并非无害。"[1]通过对弗洛伊德的阴影投射，荣格有所成长，现在他必须找到自己内心的能量。虽然与无意识的对抗使他失去了与弗洛伊

1 卡尔·荣格，《荣格文集》。

111

德的友谊，但他的内心的确收获了一些具体、实在的东西。

他后来会反思：

> 神话中，英雄是征服巨龙的人，而不是被吞食
> 的人。然而，两者都必须面对同一条巨龙。况且，

◎ 荣格用英雄与巨龙搏斗的故事证明：只有面对自性的阴暗面，人们才能
真正自力更生。

他从未见过巨龙，算不上英雄，也不是假装什么也没看到的"狗熊"。同样，只有与巨龙搏斗而未被打败的人才能赢得宝藏，即"难以获得的宝库"。只有他才真正拥有自信，因为他曾直面自我的黑暗面，从而战胜自己。这次经历给了他信心，相信自性中的忠实能支撑他，因为所有的内部威胁都转化成了他自己的东西。他已有权相信，他能够以同样的方式解除未来所有的威胁。他已得到某种内在确定性，能够自力更生。[1]

1 卡尔·荣格，《荣格文集》。

集体阴影的控制

从第一次世界大战的恐怖到纳粹的出现，荣格亲眼看到了全社会陷入大规模的精神错乱之后的状态。荣格认为，文化可以激发邪恶，而不是将邪恶隔绝。在群体中，心智可以降至最低水平，因为只有处于最低水平，大家才能真正联结。虽然国家（或其他群体身份）给人以归属感、团结力、共同的价值观和目标，但我们内心仍有黑暗的一面。文化虽然通常有助于改变我们的本能以支持道德行为，但它也可以服务于我们的阴影和最坏的自我行为，使之正常化。对回归群体的渴望导致人们做出可怕的行为，无意识效忠权威会导致人们参与暴行。从众心理也是我们的一部分。以上原因使得荣格认为应该批判地看待制度。

人们会接受并认同群体的精神，这一点在他们用自己的人格面具来认同群体时表现得尤为明显。以人格为中心的个人尤其热衷于在公共场合向人们展示好的一面。当自我认同人格时，"主体的重心在于无意识。那么它实际上与集体无意识相同，因为总体人格都是集体化的。在这些情况下……人们担心有意识理想会遭到破坏"[1]。在这里，群体愿景为人们提供了力量和身份，且不欢迎改变。

若不能与个性化产生有意识的联系，我们就会将内在形象向外投射到宗教、哲学和价值观中。在一段时间内，这些对我们很有吸引力，幻想破灭后，我们会寻找一个新的投射对象重新开始。通过这种方式，商业或政治活动可以呈现出一种宗教热情，某个人会让我们无比崇拜，就如同梦想照进了现实，让我们找到了心灵寄托。爱和信仰都具有极为积极的品质，有时我们会用它们来平息内心的不安。我们在极简化的信仰中寻求安慰，因为它可以抚慰我们一段时间。在没有有意识反思的情况下，我们仍然在崇拜古老的战神和爱神，但我们采取的是政治运动或商业消费的形式。

荣格通过个人阴影看到人们受到集体

1 卡尔·荣格，《荣格文集》。

阴影控制的局面。如果人们贪婪，便会在它的诅咒下妥协。人类的弱点和神经症敞开大门欢迎我们陷入这个时代集体性的精神错乱。同样，通过成功的内在工作，我们可以关上这扇大门。只有获得与内在生命相关的稳定自性以及心理上的适应性、灵活性，我们才能在狂风呼啸而过时弯下腰，不被折断。倘若能真正面对并抵抗自己的阴影，在现实世界的压力下我们也将更容易采取道德行动。联结我们的内在自性，接受、关爱完整的自己，这些都会加强我们的个性。备受尊重的荣格心理学分析师、作家玛丽-路易丝·冯·弗兰茨认为，个性化使人有能力选择自己的道路，并自主地忠于自己的内在规律。在集体精神错乱的时代，这种成熟的人的存在十分重要。

虽然荣格坚信我们必须了解自己与父母和祖先的关系，但是他也相信个性化迫使"集体心灵渐进分化"[1]。归属群体的冲

1 卡尔·荣格，
《荣格文集》。

动与个性化的冲动恰恰相反。社会中有一种巨大的无意识拉力，促使人们与彼此相处，顺应趋势，模仿他人，分享和遵循集体价值观。集体态度"是危险的，因为它很容易抑制并扼杀所有的个人差异"[1]。社会规范通常会导致对独立思考的反对，与众不同可能意味着被淘汰。人们在自己想成为的人与他人的期望之间经历冲突。"个体与集体……由罪恶感联系在一起。"[2]

1 卡尔·荣格，《荣格文集》。

2 卡尔·荣格，《荣格文集》。

TIPS

◆ 自性——人们内心进行自我调节的个性。自性是原型自我，推动人们健康、平衡地成长，并提升人格完整性。人的这一部分自我包含有意识和无意识，通常由统一的形象表明。

◆ 自性形象——包括中心化设计和圆圈，最典型的是曼陀罗图像。

◆ 超越功能——一种促进我们成长和个性化的心理功能。当我们能够同时持有两个对立观点，通常会形成第三种新的可能性。

◆ 对抗无意识——在进行自我治愈的过程中，荣格被无意识图像淹没，这使他发现了自己的大部分心理状态，包括实践积极想象。

⑤

划分人格类型

荣格对人格的探索

荣格认为，我们每个人都是在特定时期成长于特定背景下的一粒种子。这种背景给我们带来历史性的和家族性的创伤，损害我们的心灵，但同时也带来了祝福，能够治愈我们，并帮助我们成长。而我们则生活在创伤和祝福对前几代人所造成的影响之中。荣格认为，重获我们在身体上、历史上、心理上和精神上的根基感，对心理健康至关重要。他知道有必要治疗这一切创伤，包括父母未得实现而强加给我们的理想。

荣格认为人是独一无二的，但我们来到这个世界上时并不是一块白板。他认为，我们有某种天生的倾向，从而塑造了我们的个性。不仅仅是环境创造了人的个性，有一部分的生活哲学在我们出生时就存在，早于父母和社会对我们产生影响之前。这一部分的生活哲学可能有一定的片面性，既让人在某些领域很优秀，又让人在其他领域很差劲。例如，有些孩子从小就无休止地驱使自己移动、攀爬和前进，对运动有与生俱来的天赋。我们往往在某些领域有天赋，而在其他领域则有局限性。荣格认为，我们的性格中有些必不可少的品质。

1921年，荣格出版了《心理类型》，向世界介绍了"外向"和"内向"这两个术语，这部作品是他研究人类性格20年的成果。荣格承认，他在写作过程中不仅借鉴了自己的临床经验，还参考了自己的个人生活，包括与朋友和敌人的相处。这项研究是关于意识如何在实践中发挥作用，以及我们是如何自然而然地以不同的方式感知并回应这个世界的。它是对现实的观察，探究人们为何在获取能量的方式上存在分歧，又是如何做出判断的。在《心理类型》中，他提出了两种不同的主要态度：外向的人从与他人的互动中获得能量，而内向的人则从独处中恢复能量。他还提出了四种功能：感觉和直觉——我们感知世界的方式，以及思维和情感——我们做出价值判断的方式。他对这些极性的构建也来自他对弗洛伊德和弗洛伊德的另一位门徒阿尔弗雷德·阿德勒的两种不同思想流派的观察。

荣格认为弗洛伊德的理论代表了一种外向型的取向，而阿德勒的理论则代表一种内向型的取向。他认为，由于看待世界的方式相反，这二人会有不同的心理学观点。这样一来，荣格对人格的探索就从这第一个二元对立开始。荣格把许多性格的要素都归入了第一要素，随着时间的推移，他把更多的二元对立剥离开来，使性格的分类更加清晰。

荣格与他人的往来信件显示，起初他将外向和感觉（更容易使人看到他与弗洛伊德基于本能理论的联系），以及内向和思维（与阿德勒的反思性自我导向心理学并行）结合起来，但随着时间的推移，他学会了对这些对立性格特征进行更精准的区分。

根据与评判世界相反的方式来定义，荣格开始将思维和情感归为一类。思维主导者奉行客观评价——公平就是以同样的方式对待每个人，情感主导者奉行主观评价——公平就是区别对待每个人。一个人的心理类型从一开始就决定并限制了他对事物的判断方式。[1]

1 卡尔·荣格，《荣格文集》。

◎ 阿尔弗雷德·阿德勒（左）与德国神经学家莱昂哈德·赛义夫（右）。

人类性格	外向型	
	内向型	
心理功能	知觉	感觉型
		直觉型
	判断	思维型
		情感型

◎ 荣格划分的心理类型

　　有些人认为，托妮·沃尔夫通过提出感觉型和直觉型之间的对立，为《心理类型》做出了贡献，其中的原因很容易理解。托妮本人体现了直觉型，即从字里行间解读并通过无意识来了解（非理性功能）；荣格的妻子艾玛体现了感觉型，即对细节有敏锐的鉴赏力，通过有意识来认识（理性功能）。感觉型的人能敏锐地感知森林中的每一棵树，直觉型的人则会看到森林中树的摇摆。也许是在托妮的帮助下有了这个补充，荣格对人格的理解才上升了一个维度。

　　起初，荣格把人类性格简单地划分为外向型和内向型。这种划分理论随着时间的推移而逐渐完善，一直持续到今天，发展为所谓"人格类型"——一个更通用的术语，用来描述围绕这些形式进行的性格研究，包括荣格之后出现的研究方法。

外向型和内向型

外向型意味着向外展示，内向型意味着向内展示。这些态度描述了我们心理能量自然流动的方式，要么朝向外部世界，要么朝向内在心灵。在今天的通常用法中，外向者指的是热衷参与社会活动和健谈的人，他们通过社会参与而获得能量；而内向者一般指的是在社会上退缩或保持安静的人，进行社会参与可能使他们疲惫不堪。外向者的能量流向外部世界的人和事，内向者的能量则流向内在世界。两种运作方式都很健康，在荣格看来，都非常正常。虽然我们都有一部分能量同时流向这两种方式，但会有主导的偏好。

凯瑟琳·库克·布里格斯和她的女儿伊莎贝尔·布里格斯·迈尔斯利用《心理类型》开发了迈尔斯-布里格斯类型指标（MBTI）——一种心理学工具，用于更好地帮助在第二次世界大战期间进入工业领域的妇女。MBTI的研究结果通常将内向者与外向者的比例描述为1：1（势均力敌），或者在某些人群中为6：4。苏珊·凯恩在她的《安静：内向者在无法停止说话的世界中的力量》一书中表明：在美国有33%～50%的人是内向者。

外向者爱社交，典型的例子是喜剧演员。随着表演的进行，他们会在人群中越来越有活力。当他们走下舞台之后，状态会保持很长一段时间；他们渴望得到刺激。而内向的人则通过休息来恢复活力。荣格是典型的内向者，他的注意力自然而然地受到内在的吸引（阿德勒也是如此）。外向者的注意力集中在外部物体上，而内向者的注意力集中在内部物体上。

生物学研究表明：外部刺激对一部分人来说十分平静，而对另一部分人来说则不堪重负。香烟、咖啡和其他刺激物倾向于安抚外向者。我们可以留意一下，是否曾看到外向者因刺激而变得平静；而内向的人常常发现，刺激物会使他们感到不知所措。这种生物学上的划分似乎与荣格的内向—外向类别的心理学存在相呼应。

内向和外向代表了意识结构化的特征类型，但并不意味着行为的特征。我们所有人都可以时而内向时而外向，但作为特征类型，这种基本的划分对我们来说最为简单可见。

"内向"和"外向"两个术语已经获得当今世界的广泛认可。几乎每一个全面的人格模型都与它们有一些相似之处。然而，当我们仔细研究荣格如何使用这些术语时，似乎有几个不同的方面融合在一起。外向型的人从外部世界获得能量，以社会为导向，不善于反思；内向型的人则多内省，厌恶社会，从独处中获得能量。

荣格写道："内向的人不喜欢热情的聚会。他不是一个好的融合者。他所做的一切，为的都是把自己封闭起来，按照自己的方式进行，以防止受到外界的影响……他自己的世界是一个安全的港湾，是一座被围墙环绕、精心照料的花园，对外人关闭，拒绝被窥视。自己的陪伴是最好的。"[1]毫无疑问，我们承认这种性格。内向型是一种人人皆知的类型。

但是，所有那些从闲暇时间中获得能

1 卡尔·荣格，
《荣格文集》。

128

◎ 外向型者（左）和内向型者（右）。

量的人都像荣格所描述的那样厌恶社交吗？有许多内向的人——他们通过独处来重获能量，但他们既不厌恶社交，也不睿智，对个人成长也毫无兴趣。这里有一个例子，那就是喜欢在网络上社交却又十分安静的"网络冲浪人"。

同样，在荣格看来，外向有时被等同于从群体中获取个人身份。他认为，外向者以及所有认同自己角色的人，都会因为开始看到自己的样子而害怕独处。想一想：他真的是说所有外向的人都不喜欢自我探索吗？当然，有一部分人符合这种描述，但问题是，是否每个外向的人都符合这个描述？是否需要进一步区分内向和外向的含义？

虽然托妮·沃尔夫可能帮助荣格完成了他的心理类型模型，但她始终觉得这个模型缺失了一些东西。1934年，她概述了一种描述一些品质的方法，这些品质分别与内向和外向结合在一起，这些内容将出现在第6章。

感觉型和直觉型

在荣格类型学中，感觉和直觉起到收集信息的作用。感觉是对现实中所有外部有形形式的理解，直觉是对现实中整体形式的理解；感觉型者看到的是树木，直觉型者看到的是森林。

感觉通过对感觉的有意识认识而发生。感觉型者天生具备欣赏能力，能够亲身体会世界的颜色、质地、音调和味道，他们最善于记住（有时是重新创造）世界留下的深刻印象。如果一个人刚听过一首歌马上就能演奏出来，那么他就是感觉型者，这样的人善于活在当下并能感知周围的环境。如此说来，我们应该会很希望自己的美发师、肖像画家和脑外科医生都是感觉型者。直觉通过无意识发生。直觉型者会让整个世界为之震撼——他们就是拥有直觉，甚至毫无理由。直觉型者天生善于发现新模式，他们往往能够快速地发现事物间的联系和意义，直觉型者能够领悟到隐藏其中的内在张力和未来的可能性——他们看到了发展趋势。他们了解所有碎片的组合方式。直觉型者能够很好地捕捉到人们的言下之意，他们了解肢体语言，以及微妙的信息和其他与人际交往相关的线索，这有助于他们更好地处理人际关系。

古希腊哲学家柏拉图对直觉型的内涵进行了概括：关注整体和自然界的运作原理。亚里士多德对感觉型的内涵

◎ 柏拉图（左）是直觉型者的典型例子，而亚里士多德（右）是感觉型者的典型例子。

进行了概括：利用所有的感官，密切关注每一个细节。

音乐天赋是感觉型者的一种天赋。例如布莱恩·威尔逊和保罗·麦卡特尼通过为海滩男孩和披头士创作歌曲，展现出他们的天赋才华。感觉型者天赋的另一种表现形式是对艺术表演的掌握，音乐家通过对音符、音调、音量、节奏和敲击的调整，享受创造过程。吉米·亨德里克斯、杰里·加西亚和杰克逊·波洛克这样的大师都是感觉型者中天才的典范，其表演形式瞬息万变。

然而，天赋所在之处往往会过度强调生活的某一部分。那些感觉型者有时会因对现实中的细节过于执着，而错过直觉型者通过肢体语言所看到的东西。有时，即使是感知力很强的人也会在直觉型者富有天赋的人际关系或其他生活领域中陷入困境，反之亦然。

感觉型者可以用精巧的细节进行流畅的创造，直觉型者的创造力则体现在对整体的感知上。直觉型者往往会先行一步，作为一个商业领袖，他能提出初始概念或敏锐察觉到市场发展的方向。直觉型者知道如何更好地把所有的碎片组合起来。例如创作歌手彼得·加布里埃尔（创世纪乐队的原主唱）是这样描述自己的，他说自己虽然没有在音乐的某一个领域极具天赋，但在整体创作上具有天赋。相反，关注整体就会产生一个缺陷，那就是有可能错过细节："直觉会让人看不到脚下的绊脚石，却能预感数千米之外将出现一只老鼠。"

在感情世界里，直觉型者和感觉型者之间的划分可能是最难的。这是因为他们只是以相反的方式获得感知和经历。感觉型者看到的是我们关于外部世界的大量细节体验，直觉型者则从字里行间读到隐藏的可能性。如果他们去参加一个聚会，感觉型者会看到美丽的绿色塔夫绸裙子，记住温暖的苹果派气味中有一点点肉桂味儿，并注意到新粉饰的墙；而同时，直觉型者会感觉到两个朋友正在开展地下恋情，得到一个新的商业想法，并注意到一对夫妇之间紧张的身体语言。在《她现在是你的情人》这首歌中，鲍勃·迪伦用一句话总结了注意细节的感觉型者（在这种情况下他属于这种类型）和直觉型者在交流期待上可能存在的巨大鸿沟："现在你站在那里，期望我记住一些你忘记说的话。"

思维型和情感型

第三类人格类型是思维型和情感型，它描述了我们与生俱来的决策方式。思维型者倾向于客观判断，在他们看来，公平就是以同样的方式对待每个人；情感型者倾向于主观判断，他们认为，公平就是根据每个人的特点和实际情况而区别对待。思维型者可能感到用逻辑思考更舒服，情感型者则更适用于个性化的方式。

思维告诉我们事物的定义，而情感告诉我们对事物的感受。情感来自无意识，我们很难改变对某件事物的情感。思维是一个有意识的过程，思维型者倾向于先理解，然后以理性的方式一步步做出回应，他们深陷于构成我们这个世界的逻辑原则和系统中。

当一个人过着以情感为导向的生活时，我们会认为他有同情心和包容心，比较柔和，以人为本；当一个人过着以思维为导向的生活时，我们会认为他擅长提出问题，更有条理性，也许更冷漠，不近人情，较少以人为本。

类型学提出，每个人都有一个为自己提供大部分能量的主导功能。对于内向的人来说，他们的主导功能是向内的；对于外向的人来说，他们的主导功能是向外的。荣格自己的主导功能是内向思维型，即自然地反思他在这个世界上看到的物体，对它们进行分类，并用逻辑进行思考。内向思维型者通过内在的思考来理解他们周围的世界。

相比之下，外向情感型者经常坦然地向他人表露情绪、判断和态度。他们喜欢社交活动和商业网络，并可能被大型组织所吸引。他们的生活强调关注自己和他人的情感价值，并缓和人际关系。

内向情感型者的生活充满许多未能表达出来的情绪，他们也可能有强烈的是非感，但是否表达出来是另一回事。

外向思维型者的生活充满了规则和原则，他们喜欢对事物进行分类，并告诉你原因。例如，他们了解发动机工作的原理，并想把一切告诉你。他们会理性地处理事情。

划分人格类型的意义

　　每个人都有一个占主导地位且提供大部分能量的高级功能；还会有次一级的功能，也可以获得很多能量；第三级功能得到的能量较少；最后是低级功能，低级功能是我们最不擅长的功能，而且往往体现在我们可能忽视的某个生活领域。

　　对我们来说，最轻松的生活方式来自我们的主导功能，也就是我们最擅长的事情。一个感觉型占主导地位的人可能对味道、声音或触觉极为敏感，他们的能量被用来收集周围世界的所有具化细节。他们能精确地制作复杂的东西；他们过目不忘，能逐字逐句地背诵经典诗文。他们的低级功能是直觉，他们在这方面可能无法流畅发挥，例如会错过微妙的关系线索。但正如希腊人所说，我们的缺点也是美德。

　　然而，荣格观察到，无意识会流向我们的低级功能，这种情况极为特殊且少见。低级功能是最不可靠的功能，但有时创作的魔力就由此生效。一个感觉型创作者或许能写出一首措辞优美的诗，但在诗完成之前，他不知道这首诗的含义是什么，这令创作者本人惊讶不已。与之相反，直觉型创作者在创作开始之前就知道故事的立意，但正确的表达方式只能通过无意识来实现。他们的低级功能是感觉，这意味着魔法发生在遣词造句的过程中，而无法以可靠的形式体现。

一生之中，我们不断提升这四级功能运作的流畅性，并进一步融合它们，却始终不能如意。尽管我们可能发现，越来越多的兴趣是由自己不太擅长的功能催生的，但我们的主要功能模式依旧占据主导地位。

类型学指出了阴影和神经症相关的可能性。在生活的某一方面有天赋并依靠这种天赋获得成功，往往意味着我们没有看到生活中的其他方面。在某种程度上，我们的人格类型就像是我们必需的水，它是我们存活的基础。我们的低级功能往往提示我们可能具有的潜在阴影，对我们的性格或需要努力进一步发展的品质提出挑战。

荣格观察到，神经症患者常常过度依赖他们的主导功能，而避免使用后两种功能。"无休止的神经质冲突，几乎总是建立在有意识的态度之上，明显而片面。这种态度会给一个或两个功能以绝对的优先权，而对其他功能置之不理。"[1]

在这里，荣格指出，人们可以在自身中寻找不平衡的方向：我们在多大程度上是按照主导功能在这个世界上行事的？在这些功能中，哪些是我们用得最少或对我们来说用得最不流畅的？如果关注一下会发现，可能那里就有我们的部分阴影。

人格类型可以帮助我们认识自己的天赋，更好地掌握自己的弱点。它还可以帮助我们欣赏他人的优点和感激正在经历的困难。

人格类型的差异是人际关系成长所必需的要素之一：其他类型的人引导我们看到我们所错过的自己，并帮助我们寻找新的感知、存在和评价的方式。

1 卡尔·荣格，《荣格文集》。

TIPS

◆ 《心理类型》——1921 年出版。荣格在这本书中介绍了"外向"和"内向"等术语，并加以应用。

◆ 外向型——荣格所说的外向型是一种对外部世界感兴趣的态度。在通常的用法中，外向者是指那些外向和健谈的人。外向者通过与人的互动获得能量，他们的能量向外移动，与外部世界的事物相碰撞。外向者很可能因刺激而变得平静。

◆ 内向型——荣格所说的内向型是一种对内心世界感兴趣的态度。在通常的用法中，内向者是指那些害羞的、在社会上偏向保守或笨拙的人。内向者通过独处获得能量，他们的能量反映在事物之上。他们可能禁受不起过多的刺激。

◆ 感型——通过感官收集信息的功能。感觉型者能敏锐地感知现实，并能保留大量的感官数据。感觉型者能够鉴赏有形的事物，但可能会错过推论和微妙的含义。

◆ 直觉型——通过无意识收集信息的功能。直觉型者的感知全面而宏观，对整体性有较好感知。他们可能会敏锐嗅出尚未言明、隐藏着的或可能出现的事物，但也可能错过具体的细节。

◆ 思维型——倾向于客观的决策风格。思维型者往往以一种超然的、合乎逻辑的、一以贯之的价值体系来运作。他们质疑思考，欣赏原则。他们有时被认为比感觉型者更强硬或更冷酷。

6

无意识中的强大力量

原型与神话中的诸神

我们都知道，本能力量很强大。我们能感受到自己、自己的孩子和其他人表现出的本能力量。本能是大自然推动我们进行生理表达的特殊模式。人类普遍具有本能，我们看到，世界各地的人都有出于本能的行动。在大自然中也有本能的存在，动物的本能与人类的许多本能都有共通之处。本能是钝力：从内心深处推动我们，我们不知为何，也无法抵抗本能带给我们的压力。它驱使我们，甚至让所有生物从内心感到恐惧，例如对掠食者、黑暗洞穴或高处的恐惧。在我们意识到内心有这种运作之前，本能就塑造了我们对世界的反应。

人类的本能通过生物学层面得以体现，而荣格则从心理层面看到了人们内心运作的相似形式。荣格延续了柏拉图、康德和叔本华的传统，用一个古希腊词表示基本原则，即"原型"，并以此指代他在心灵中发现的普遍模式。原型是一种"传承下去的运作模式"，对应的是天生就有的能力，如小鸡破壳，小鸟筑巢，某种黄蜂蚕毛虫在树上爬行，以及鳗鱼找到通往百慕大群岛的路。换句话说，这是一种行为模式。

在荣格心理学中，"原型"一词被用于描述无意识中的强大力量。这些力量引导我们"按照自己的方式筑巢"。这些深刻的心理结构基本上决定了我们的生活态度和处世方式。面对某种刺激，我们会如何反应？为什么我们的反应是

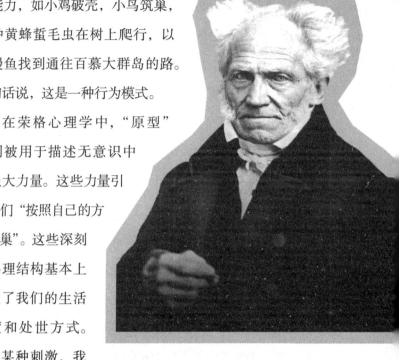

◎ 19 世纪的德国哲学家亚瑟·叔本华，他的原型思想启发荣格提出原型的概念。

这样的，而其他人的反应恰恰相反？遇到问题，为什么有些人会直面问题，而另一些人会先停下来反思自己？原型不仅告诉我们要做什么，还会告诉我们如何理解世界，解释我们在那里看到的是什么。我们与某些原型的

内在联系创造了无意识世界观，并在很大程度上决定了我们的性格。原型会使我们倾向于特定的想法，并告知我们对某些人的看法。我们的心理投射（我们无意识地安放在他人身上的价值观）背后是我们与原型的关系。和情结相似（一个人可能拥有原型情结），原型对我们的了解要多于我们对原型的了解，而我们可能对此一无所知。如果某件事让你浑身起鸡皮疙瘩，也许是原型在起作用，是原型在无意识地运作。

也许原型最好的隐喻是我们古老神话中的诸神。希腊万神殿为我们提供了象征侵略本能的战神阿瑞斯、象征母性本能的婚姻女神赫拉，以及象征我们对狂欢向往的酒神狄俄尼索斯。与每个角色相关的故事都说明了一条中心性的原则，表明了他们本能力量的类型和对生活的态度，但也描绘了一个相关的阴影，指向一条荒凉或障碍重重的路径。每个神都是一个完整的角色，通常都有好的一面和坏的一面，还有不同的对世界的态度，这使我们能够想象他们在任何情况下的做法。

某个时刻，在世界各地，我们的祖先都曾崇拜与众神相似的自我角色。是什么让我们在这些神话中的众神身上看到自己？为什么每个特定的希腊公民都去那个特定的寺庙？他们为什么选择自己的神？荣格相信，原型是我们内心强大能量的神圣中心，表达了我们的价值观和灵性。我们与原型的内在联系暗示了对我们最重要的原则，并带有一整套相关的潜在心理立场。我们与体内许多能量的关系在很大程度上帮助定义了我们的性格。我们认同神话中的诸神，因为他们代表了我们内心最深处的能量。

　　原型是集体模式，在整个人类文化中普遍存在。今天，人们普遍认为我们已经超越了祖先，不再对众神感到迷恋，殊不知，他

◎ 古希腊神话中战神阿瑞斯的雕像，阿瑞斯为侵略本能的原型。

们对我们仍有吸引力。我们可以在流行的事物中看到他们的存在。例如，尼尔·盖曼的畅销小说将文字描写的原型人物置于行动中心；《美国众神》围绕主人公的影子展开故事情节，并已被成功改编成电视剧。现在，由神话人物担任主角的漫画电影票房极高。然而，在某些方面，这些电影只是毫无疑义地重述神话故事，无法改变观众的心理。我们的祖先用故事和戏剧的方式引起观看者内心的变化。在大多数情况下，当代故事是用来消费和娱乐的。

接下来，我们将探索心理的原型层面，即荣格所说的"集体无意识"。我们将简要地分析几个例子，包括英雄和智者。

荣格于1919年首次使用"原型"一词，但早在1909年，他的一个梦中就已出现了这一概念。他向贝内特和其他人绘声绘色地描述了他的梦：在梦的开始，出现了他家里的一间房间，很像是他的书房，但是有一扇通往一楼的门。走过楼梯，他进入一个房间，里面摆满了16世纪或更早时期的家具。前往地窖，他发现里面全是罗马式设计。然后：

我提着灯笼走下楼梯，感觉不可思议。我想，现在我在底层了。但随后在一个角落，我看到一块方形石头，里面有一枚戒指。我把石头举起来，往下看到一个较深的地窖，就像一个洞穴，也可能是一座坟墓。当我举起石头时，有些光照射进来了。地窖里装满了史前陶器、骨头和头骨。我非常震惊……[1]

　　荣格花了很多时间思考这个梦及其寓意。最终，他意识到这个梦代表了无意识的层次，从个人层次——到他的房子——然后下降到不再属于他自己的，而是共享的层次。他向弗洛伊德讲述了这个梦，弗洛伊德先对梦进行了个人解释，后来他们又谈到了"古代遗产"和"记忆痕迹"。弗洛伊德称赞荣格在这一观点上的开创性。这个梦描绘了荣格提出的集体无意识。

1 卡尔·荣格，《荣格自传：回忆·梦·思考》。

荣格提出：除了个人意识，心灵中还存在一个更深的层次。它是普遍的、非个人的、由所有人共有的，它并非由个人经验发展而来，而是代代传承的。先验知识形成了原型，而原型塑造了我们对世界的体验感。我们可以通过反思（内省）发现原型的存在，可实际上大多数时候，原型会在我们内心无意识地运作。集体无意识是过去在我们内心的存在形式。

集体无意识本身包含了我们最早期祖先的精神生活。它是所有有意识通灵事件的母体，它施加的影响更大程度地损害了意识的自由，这是因为它不断地将所有有意识引往旧日的无意识原型中。[1]

此处，荣格不仅指出了集体无意识的存在，而且指出了它的危险性。他的意思是，前几代人的老路在我们心中仍然存在，并呼吁我们回归。我们的个人自由和我们做出有意识选择的能力受到集体无意识的

1 卡尔·荣格，
《荣格文集》。

148

◎ 荣格梦境中的乡间别墅显示出不同建造时期的不同层次，与我们无意识的不同层次相对应，激发了他对原型的想法。

阻碍，它正在塑造我们的世界观和个人观。这一概念也与今天的生物学相呼应，体现为创伤由家庭表观遗传，过去塑造了我们和我们的现在。集体无意识是一种促使历史重演的心理力量。

　　但为什么历史的形式并不相同呢？

　　柏拉图认为世界存在有意义的形式，是为了证明生命的目的性。原型是一种将宇宙组织成各种形式的有序原则的表达。同样，对于荣格来说，原型不仅是一种有效的集体记忆，而且表达了我们内心所有神话中隐喻的根源。

荣格在当事人的梦中看到奇怪的图像，这与他在神话中发现的反复出现的图案相呼应，这也向他暗示了人们内心共有的心理结构是遗传的，而不是通过文化传播的。原型是象征性的整体——包括一系列有意义的相关图像和可能性，以及消极和积极的表达。

我们可能还会问：如果大自然有塑造原型的功能，这是否意味着一种智慧精神在我们现实的构建中发挥了作用？

在新时代的精神性中，集体无意识将心灵看作一个单一的统一场，这并不是荣格的原意。荣格心理学分析师、作家玛丽-路易丝·冯·弗兰茨观察到，"我们很容易自然地把集体无意识的假设历史性地倒退至与世界灵魂的古老概念等同"。然而，荣格有许多突破时空限制分享通灵事件的经历，他不相信精神仅限于肉体。在他看来，"大问题"是内在生命的形象，比如原型世界的形象在某种意义上是不是真实的。他相信它们是真实的，并且将集体无意识称为客观心理——生动而不受拘束却依然存在的现实。

英雄原型——捍卫和保护

撤开创世故事不谈，神话中最常见的主题可能就是英雄神话了。英雄是面对怪兽并战胜它的强者，代表了生命最基本的能量之一。战斗还是逃跑？英雄会选择战斗。他坚守阵地，他斩杀敌人，他与野怪对抗并成功活下来。这是在世界上彰显自我的基本本能，也是最基本的生存特征之一。征战和获取权力，这是我们内心面对世界的动力，也是英雄原型的特点。

英雄是故事的主角，他是永恒的行动者。从最原始的洞穴壁画到《荷马史诗》中的奥德修斯，人们都知道英雄的故事。约瑟夫·坎贝尔认为英雄故事是一种普遍的单一神话，一种人类神话中无处不在的故事。他的著名作品《千面英雄》描述了一位英雄前往阴间，饱受折磨后幸存下来，为部落带回赏金的故事。这种模式在人类早期的故事中反复出现。

坎贝尔受到荣格对英雄原型观察的影响。同样，坎贝尔的作品激发了乔治·卢卡斯创作《星球大战》的灵感。英雄的任务让卢克·天行者与一个必须被摧毁的科幻怪物发生冲突，为了整个银河系，卢克最终取得成功。在这些故事中，英雄是在与群体有积极关系的背景下被看到的，但我们也可以从英雄的角度审视他们。超越社会背景，观察英雄事迹的行动者就等同于观察战士原型。

战士原型是竞争能量，是看谁有最好的动力——例如，看谁跑得最快。我们每个人内心的战士原型是我们的抱负、意志力和力量，体现我们如何自在地彰显自我。社会中通过行为、能力和成就获得身份的人是战士。他们的自我意识只允许自己在战场或运动场受伤。在这一

◎ 文学教授约瑟夫·坎贝尔证明，英雄旅程的核心主题几乎在每个故事中重复出现。

方面，成为更好的人很重要。

1934年，托妮·沃尔夫在关于女性心理的结构类型的演讲中描述了女性的这种性格。它的原型是亚马孙女战士：她从自己的行动、力量中自给自足，获得了自我意识，她不会从自己以外的任何人那里获取认可。今天，我们看到男性和女性在商业、体育和艺术等领域都以这种方式生活。创作型歌手格蕾丝·琼斯很好地表现了这种动态："我喜欢冲突，我喜欢竞争，我喜欢为自己找事儿做。事实上，这是孩子的特征，但这给予我一定的力量，而且能震慑到别人。"

战士原型是中性的，不好也不坏，但也展现了许多人不想看到的阴影，如攻击性、暴力、愤怒、卑鄙或冷漠。战士的阴影是强者，强者残忍地夺取他想要的东西，因为他有能力，因为他是最强的。20世纪80年代，大卫·马麦特的戏剧《格伦加里·格伦·罗斯》和奥利弗·斯通的《华尔街》向我们展示了不计个人或社会代价追求利益的战士能量，这种能量是人类文明进步的主要驱动力之一。

我们甚至有一种将生理优势和道德善良结合在一起的动力。数百年来，一个人主张的美德或正义可以通过战斗被裁定——决斗可以决定谁在"上帝眼中"是正确的。受这种原型显著影响的人们普遍认为：胜者为王，败者为寇。战士原型是许多人生活的哲学。

英雄原型是群体的捍卫者，战士原型则是非人格原型。现在人们普遍谈论英雄原型，而不经常谈论战士原型及其阴影，因为我们已经美化了英雄原型。在许多现代的原型系统中，包括荣格心理学分析师罗伯特·L. 穆尔在内的一些人会站在他们与社会的关系的背景下考虑战士原型，这样就错过了原型的大部分天然的阴影。在新纪元运动中，"精神战士"一词以类似的方式得到使用，似乎它与智者原型或萨满原型的共同点多于与战士能量的共同点。

在神话中，战神经常和其阴影一同出现，侵略性或不假思索的行动暗示着他的衰落。他向我们展示了完整的角色，邀请那些认同原型的人看看最终什么可以拯救他。在我们今天的文化中，战士原型所属的群体往往会逃避甚至嘲笑深思熟虑。战士原型有时会助长人们的嚣张气焰，它在董事会和乡村俱乐部蓬勃发展，颂扬权力凌驾于一切之上。这样一来，战士原型就无法看到自己的弱点，并对自己的阴影视而不见。

◎ 亚马孙类型的力量和自给自足滋养了战士原型。

国王或王后原型——祝福和秩序

国王或王后是群体或部落中的统治者。如果脱离他们周围的集体，人们就无法想象国王或王后的存在。统治者和群体组成了一个单一的心理有机体。我们通过对社会和权威的感受来表达我们与内心原型的关系。原型密切关乎我们如何看待社区或国家的既定权力，关乎我们对权威人物以及现状的看法。

那些与国王或王后原型一致的个人倾向在社会秩序中找到慰藉。团队的结构性和稳定性使他们感到舒适，并使他们感到安全有保障。他们以自己所属的集体价值观为导向，进而保护好自己的价值观。他们往往是团队合作者，并且所处的团队里面都是好人。他们从团队所取得的成就中得到了好处，所以他们害怕变化，讨厌混乱，故而他们努力带来并捍卫结构和秩序。

国王和王后知道他们是谁，以及他们想要什么。认同这种原型的人通常具有很强的执行能力，他们乐于做决

◎ 国王原型寻求稳定和秩序，并从他所属的社
会群体中获得安慰。

定。因此，许多此类人（尽管不是全部）偏爱迈尔斯–布
里格斯性格分类指标的判断功能。

在《关于男人和女人》（托妮·沃尔夫的作品）一书
中，诺琳和塔特·古思将父亲和母亲的原型描述为国王和
王后。古思夫妇发现，通过帮助他人获得满足感的人身上
有这种原型，在家庭、公司或其他群体中找到身份认同感

和成就感的个人身上也有。母亲原型和父亲原型通过他们在群体中的位置了解自己，并经常选择以服务为导向的工作，如教师、消防员、护工或执法者。他们可以成为优秀的领导者，因为他们在群体中投入使用无意识。在最好的状态下，母亲原型和父亲原型提供健康的结构和秩序，培养他们的孩子、员工，或创造社区的再生力（通常用以鼓励下级勤勉）。他们有一种本能的赞美天赋，让人们感觉自己是特殊团队的一部分。

因为这些人从群体中获得了如此多的身份，人与人之间的尊重、攀比等问题往往处于他们意识的最前端，他们不想在大家面前丢面子。然而，母亲原型或父亲原型阴影的核心往往围绕着控制、权力和等级制度等问题。那些认同国王或王后原型的人经常要求别人尊重他们的权威，正如他们常说的"要么照做，要么离开"。

自20世纪50年代以来，西方社会不断抛弃有着父亲原型的男性。过去，有阿尔法型父亲原型的男性是社会运转的动力。男性团体和男性权利运动的演变在很大程度上是为了应对转变。现在，认同父亲原型的人正在寻找新的方式了解自己。加拿大心理学家、教授乔丹·彼得森通过强调父亲—国王原型的方式走近荣格。他之所以受欢迎，有一部分原因是他曾与那些经历过社会变革的人交流，并同在世界上寻找父亲原型能量的年轻人交流。

　　一个人可能有恋父情结，即一种面对父亲的个人神经症，这种情况有积极或消极的形式。几乎每个人都有某种父母情结，而恋父情结的一种经典形式是智者型人格。智者指的是为了保护自己的权利而限制周围新事物诞生的老国王。他是权威，害怕新事物会带来混乱，其无意识和对稳定的坚持阻碍了自然成长。必须有序打败老国王，才能推进生命进程。在神话中，时间之神柯罗诺斯为了保持自己的统治而吃掉自己的孩子，这是一种扼杀自我新生命的"保护"措施。我们可以在内心消极的责骂声中，在拒绝成长的想法中表现恋父情结，或者在生活中对他人采取的无意识的态度和行动中表达其中的一些方面。

　　正如我们可以将这种原型的负面品质带入世界，我们也可以发挥它最好的方面。罗伯特·L.摩尔完美地表达了国王或王后原型的积极面，他们是可以看到你的闪光点而不会嫉妒你的人。成熟的拥有父亲或母亲原型的人不会因为你的天赋而嫉妒你，而是会像珍惜你一样珍惜你的天

◎ 雕版画。时间之神柯罗诺斯会吃掉他的孩子以保住王位。

赋。祝福他人对于那些拥有这类原型的人来说，是一份特殊的礼物。一个成熟的拥有父亲或母亲原型的人擅长让周围的人感到他们受到了关注和欣赏。

那些依靠国王或王后原型获得个人认同感的人有时会将这类原型与荣格的自性概念联系起来。罗伯特·L.摩尔和其他人的确这样做了，国王或王后原型在摩尔的内在形象中位于首位。可荣格本人从未断言过，事实上，他将自性与儿童原型联系得甚至更多。

智者原型——理解和反思

智者在民间传说和神话中经常出现。他们拥有超凡的理解力，还具有更成熟的精神或道德品质。通常，这些角色会为英雄提供在前进时所需的信息或学习内容。在《星球大战》中，本·克诺比担任卢克的老师，将目标和知识带入年轻英雄的生活中。在英雄带来动力、勇气和直接行动的地方，智者介绍了思考和质疑对价值观的重要性。荣格描述道："童话故事中的老人经常问的问题有：你是谁？为什么？从何处来？到何处去？目的是引发自我反省，激发道德力量。"[1]

智者可能会乔装出现，考验人们的品质。在《星球大战2：帝国反击战》中，卢克的导师尤达在第一次与卢克见面时，并没有透露自己的真实身份。他等待着提出问题，测试卢克去那里的动机。荣格将骗子原型与智者联系起来，伪装的应用强调了这种相关性。

圣人也属于这个不一般的原型类别。古思夫妇将这种更特殊的原型定义为使用理性、有意识的感觉和知识来实现目标的人物。这种心理类型是价值中立的，不一定好或坏，甚至也不一定是明智的。圣人用智慧获得认同感和满足感。"圣人的内在动力是让自己用理性、心理、思想、精神……和他人接触。只有通过分享观点、理论和愿景，他才能与别人产生最佳联系……圣人不仅存在于教学和学术领域，他还可能是一名家具木工、机械师或园丁，也可能是一名平平无奇的哲学家。"

托妮·沃尔夫观察到，与圣人相比，还有一种心理类型通过无意识产生知识。她将这种心理类型称为"女仲裁者"或"中间女性"，其内在意识通过非理性方式获取信息。托妮本人就是这种类型，荣格的母亲和祖父也是。荣格本人有圣人和女仲裁者两种心理类型。"我母亲另一面的品质是真实的声音，它说出了深刻的真理，又粉碎了真理。"[1]

历史上这种原型的例子包括德尔斐神谕、诺斯特拉德马斯等。历史上曾有一段不幸的时期，拥有这种原型的女性被称为"女巫"，并因此被处以火刑。通过将女仲裁者的阴影投射到这些受害者身上，人类文化中否认非理性认识存在的冲动得到了缓解。

智慧的老妇人或丑陋的老妪也经常被与这种认识联系在一起。此外，荣格明确地将拥有这种原型的人称作"调解无意识的人"。

[1] 卡尔·荣格，《荣格自传：回忆·梦·思考》。

儿童原型——个性化

我们的神话和宗教系统也充满了父母和孩子之间的紧张关系。从心理层面来看，这属于父子之间的冲突，例如《星球大战》中的卢克·天行者和达斯维达。但是，是什么让孩子有足够的力量坚持下去直至战斗结束呢？他用什么挑战父亲的既定权力？答案就是，儿童原型带来了新事物。

正如现实有将一切联系在一起的原则，它也有邀请下一次进化形成的原则。儿童原型代表了每个人最强烈、最不可避免的冲动，即实现自我的冲动。[1] 在荣格看来，是儿童原型而非国王原型代表了我们内心最强大的冲动，即个性化的冲动。

如前文所述，荣格发现他内心的孩子

1 卡尔·荣格，《荣格文集》。

仍然存在，并拥有他"所缺乏的创造性生活"。儿童原型代表了大自然不断创造独特新生命的能力，以及我们每个人永无止境的成长能力。荣格还认为，接触我们喜欢的东西能催生新事物。通过这种方式，我们可以将儿童原型和情人原型联系在一起。

托妮·沃尔夫描述了一种人格结构，由儿童原型和情人原型构成，被称为"伴侣"。它如同神话中的缪斯女神，一对一地去帮助其他人成长。古思夫妇将这种原型称为寻求者——兄弟姐妹类原型，拥有这种原型的人是一种与我们无等级关系的人，一种能与我们玩耍并鼓励我们多做自己的人。古思夫妇指出，这种原型与其他原型一样独立存在，而不是某种原型的半成形阶段。一个成熟的人也有可能与儿童原型有联系。

荣格心理学还描述了一个相关的儿童情结。永恒少年或永恒少女是一个永远年轻的角色。作为一种情结，永恒少年或永恒少女呈现了不成熟的状态，他或她的内心拒绝长大。这类人通常在成年后仍然依恋母亲，并可能期望父母在经济上或其他方面支持他们。

玛丽-路易丝·冯·弗兰茨在其著作《永恒少年：从

荣格观点探讨拒绝长大》中研究了安东尼·德·圣-埃克苏佩里的《小王子》并探讨了这些问题。她给永恒少年的解药就是让他来到世间。荣格对他本人的情结做出的经典回答是：做自己的事，无论是什么——为世界完成一些有价值的事情。

荣格强调，简单地隔绝儿童原型的能量，就像许多人在成年途中所做的那样，会为中年的痛苦和不满埋下伏笔。因此，荣格邀请我们重新发现每个人内心中顽皮的孩子。我们可以做出选择，带着儿童原型的能量生活。

集体无意识的声音

荣格起初只是对人格类型进行了简单的划分。一方面，他看到了外向感觉型；另一方面，他看到了自己的观点，即内向思维型。他在《心理类型》中试图将这两种类型分开。在关于女性心理的结构类型的讲座中，托妮·沃尔夫对她认为的这个系统中缺少的东西进行了补充。其他人继续尝试改进我们对这些个性差异的描述和分类，这个领域仍在向前发展。

托妮认为她的作品是对《心理类型》的补充，而不是修正。但现在，我们看到她提出的结构类型可以对荣格简单划分的外向型和内向型进行更精确的细分。荣格所说的内向型人格指的是从内心世界或独处期获得能量，善于反思（内省），喜欢按照自己的方式进行个人成长。荣格所说的外向型人格指的是从社会交流中获得所有能量，是直接迎向外部世界中的事物的方式，也是对社会和集体价值观的态度。然而，荣格对内向型人格和外向型人格的定义在一些人身上并不恰当，比如一个"网络冲浪人"，他在现实中喜欢独处，却能在网络世界里展现强大的社交能力，那这个人是内向型还是外向型呢？再比如，一个既不睿智也不认同集体价值观的保守人士，他是内向型还是外向型呢？

托妮提出的结构类型和古思夫妇提出的原型系统分别阐明了这些类别：捍卫和保护世界的战士和亚马孙女战士是英雄原型，拥有超凡理解力的圣人和女仲裁者是圣人原型，认同集体价值观的父亲或母亲是国王或王后原型。这样的定义使我们能够共同理解外向和内向，因为社交互动或独处使它们充满活力。

然而，荣格正确地找到了无意识中的核心分支。没有适用于所有人的单一的成长路径，但是会有极性定义我们、塑造我们。人们看待世界的方式存在深刻的差异，并带来了截然相反的评估方式。荣格对原型的描述使我们能够更好地解决这些永恒的问题。这些理论对人性的深刻洞察帮助我们了解自己和周围的人，但也要求我们审视文化分歧中可能存在的令人不适的品质。

当无意识用原始符号表达时，集体无意识用我们共同的符号表达。哪种隐喻对我们有吸引力？是什么让我们起立敬礼？哪些古代神话人物至今存活于心？

TIPS

◆ 集体无意识——荣格推断，在我们的个人无意识之下有一个更深的共享心理层面。它内在结构的统一性有助于形成大量跨文化的共享神话。它是我们对集体记忆的共同继承，是看似永恒的心理形式的家园。

◆ 原型——集体无意识的神经中枢。它们是象征性的整体，有多种有意义的形象形式。我们与特定原型的关系可能为我们的生活态度和处世方式提供基础。

◆ 英雄原型——为其群体服务的人。英雄是我们戏剧性传说的中心，是永恒的捍卫者和保护者。这个永恒的人物是我们绝大多数神话和宗教故事的主角。

◆ 国王和王后原型——象征着秩序、生成性和祝福。沃尔夫和摩尔将这些原型与父亲和母亲原型联系起来。在过去的一个世纪里，父亲的地位在西方文化中发生了变化。

◆ 智者原型——智者一般是具有丰富知识或崇高道德的人物。在通常情况下，这个人物比较年长，他带领英雄进行必要的学习或掌握一些必要的东西。智者原型象征着我们的反思和理解能力。智者的形象包括捣蛋鬼、老妪等。

◆ 儿童原型——象征着世界诞生新事物的无尽能力。儿童原型使我们有无尽的力量，变得更加完整、个性化，成为我们想要成为的人。

你的灵魂是男是女

7

你无法说出自己灵魂的性别

每位男性的心中都有一种关于女性的永恒意象，不是这个或那个女人的意象，而是一种绝对的女性意象。从根本上而言，这一意象是无意识的，是从嵌在男人身上有机体系上的初源处遗传来的因素，是所有祖先对雌性留下的一种"印痕"或原型，是对女性留下的全部印象的一种积淀——简而言之，是一种遗传的心理适应系统。[1]

荣格通过这段话有力地描述了我们心中永恒女性原型的本质，并将之称为"阿尼玛"（来自拉丁文的"灵魂"一词）。它是内心最强大的力量之一。同

1 卡尔·荣格，《荣格文集》。

样，他所说的"阿尼姆斯"（来自拉丁文的"心灵"一词）是永恒的男性原型。这个原型既是个人的也是集体的——充当了自我和集体无意识之间的桥梁。在我们的个人经历中，这个内在形象往往与我们的自我或人格相反，并持有相反的价值观。这个形象的性格也往往由主导意识的相反人格类型组成。如果我们是思维型，那么这个内在形象就会是情感型。向外投射是该形象最为常见的表现，我们会将之投射到我们一见钟情的人身上。我们的内在形象可能是我们内心渴望的对象。但荣格观察到，不仅如此，这个内在形象在我们的内在生命中还扮演着连接个人和集体

◎ 荣格的照片，摄于1922年。在20世纪20年代早期，他发展了阿尼玛和阿尼姆斯的理论。

无意识的角色，而且往往是极大痛苦和巨大成长潜力的来源。

虽然传统的荣格派把阿尼玛或阿尼姆斯称为我们唯一的异性对立面，但今天的荣格派的临床和学术界对如何最好地描述这些形象在不同人身上的表现有多种看法。例如，比伯认为我们体内的阿尼玛和阿尼姆斯的比例为3∶1。

荣格看到，人们总会有一个与外在性格相对的内在品格，一个与无意识互补而又被拒绝存在的"他者"。人格是自我有意识地把握价值观、获得舒适的处世方式，而我们的阿尼玛或阿尼姆斯通常是内在的异性对立面，表达出一套相反的价值观和处世方式，让我们感到不适，无法应用自如。

　　……不过人类兼具男性和女性灵魂，而不仅仅是男人或女人。

你无法说出自己灵魂的性别。但如果你仔细观察，将发现最具有男人特质的男人拥有的是一个女性特质的灵魂，最具女性特质的女人拥有的是一个具有男性特质的灵魂。你越男性化，离真正的女性就越远，因为你身上的女性特质与你相悖，被你蔑视。[1]

在我们的性格形成的过程中，某些特质得到突出强调，而某些特质则没有得到发展。在人类心理中，有些人倾向于把"逻各斯"（清晰、区别、客观真理）放在意识的首位。同样，也有一些人拥有的"厄洛斯"（关系或感觉）在他们的关注点和存在方式中占主导地位。从最普遍的意义上来讲，以男性为导向的自我在他体内有一个完整的女性特质世界，也就是说这是他的意识存在背景。尽管如此，这些特质依然存在。

拥有思维型人格的结果就是，荣格发现他一直在拒绝自己内心的情感型价值观，他内心的阿尼玛形象带有情感型的特征，他个人也觉得自己内心的这两者间的

1 卡尔·荣格，《红书》。

关联性很差。这一认识使他在生活的这一方面狠下功夫。走向个体化的过程使我们接触到自己身上那些不太为我们所知的品质，在人生的后期更为如此。荣格在自己的负面情绪中发现了其身上的这种品质。这些负面情绪包含情感因素，却又带有思维因素。那么，我们该如何将一套相反的价值观融合在一起？我们又该如何处理脆弱性、亲密性、关联性？

当阿尼玛或阿尼姆斯在无意识中运作时，通常会带给我们消极体验。如果没有意识，阿尼玛就会表现为情绪化，甚至会让消极的生活态度吞噬我们。阿尼姆斯则表现为"低级的判断或者更好的意见"[1]，对我们的情感生活和我们对生活及世界的态度产生强大的影响。阿尼姆斯可能导致我们怀疑自己和自己的想法，对自己和他人过分苛责，走向教条主义。

阿尼玛和阿尼姆斯都是向自我施压的

自主复合体。我们通常把阿尼玛作为一个单一的形象来认知，而把阿尼姆斯作为一组男性人物来认知。安和巴里·乌兰诺夫在《性的转变》一书中对阿尼玛和阿尼姆斯展开了平等的探讨，展示出它们赋予生命的品质。爱德华·桑塔纳博士在《荣格与性》一书中研究了阿尼玛及阿尼姆斯形象与性的关系。

当我们还是孩子时，母亲或父亲可能替代了我们心中阿尼玛或阿尼姆斯的形象。随着年龄的增长，当我们坠入爱河时，我们会与阿尼玛或阿尼姆斯初次相遇。我们尤其会在一见钟情时把我们的阿尼玛或阿尼姆斯投射到所爱之人身上。投射出阿尼玛或阿尼姆斯意味着我们处于对他人的仰慕之中。由于这种原型的品质无限永恒，我们的爱人似乎从未变老，始终如初见时那般光彩照人。阿尼玛的魅力经常在艺术作品中得以展现，例如警察乐队的《她做的每件小事都是魔术》或埃里克·克莱普顿的《蕾拉》和乔治·哈里森的《一些事》（显然是为同一个女人帕蒂·博伊德所写）等歌曲。在这里，我们把阿尼玛视作一种超出控制的迷恋。

这些内在形象具有的强烈冲动，代表着能够进行创造性转变和治愈的潜力，驱使我们陷入强迫性的痴迷，同时也推动我们不断创造，促进个人的成长。这个过程在《神曲》的作者但丁·阿利吉耶里的生活中体现得非常明显。但丁在9岁时遇到贝特丽丝，便立刻为之着迷："看啊，这是一个比我更强大的神灵，她的到来，将统治我。"玛丽-路易丝·冯·弗兰茨指出，贝特丽丝是最终将但丁引向天堂的人物，但这只会发生于但丁在地狱待了很久之后。

虽然阿尼玛和阿尼姆斯（形象、思想、情感）是个人的，但原型本身和它们作为自我和集体无意识之间的桥梁却并非属于个人。只有当我们有意识地与内在形象建立联系时，它们才会发挥作用，引导我们与无意识和自我建立起更坚实的关系。但是，这种属于转变型行为的有意识的联系通常只会在我们感到不适或神经质的情况下发生。

卡茨讲述了一个关于中世纪印度精神导师那洛巴的故事。那洛巴与内心的女性形象融为一体，于是辞去了职位，放弃了所有世俗的荣誉。那洛巴看到了一个强大的幻象，幻象中有一位丑陋的老妇人无情地揭示了他的心理状态。以前，他一直在不断思考和分析，生活在男性原则之下，他完全错过了感觉和情感世界。老妇人则代表了他自身未能发展的一切，向他展示了他完全缺失的一部分生活。在这里，阿尼玛用一个消极的形象来迫使他形成一个必要且有建设性的认识，最终将他与心中自性的真正力量连接起来。

虽然现代人主张与内在形象断绝联系，但是我们必须认识到，与内在形象建立联系有助于我们获得卓越的洞察力，从而深度改善自我。这就要求我们有意识地与内在形象对话（调动积极想象），承认并接受它传递的信息。借助内在形象的桥梁作用，自我和集体无意识就会建立起坚实的关系。作为生活的

◎ 意大利中世纪诗人但丁·阿利吉耶里。他在贝特丽丝的影响下创作了《神曲》。

原型，内在形象最终可以引导我们以更健康的态度对待生活。内在形象所具备的品质可以被我们吸纳，但阿尼玛或阿尼姆斯本身却不能。荣格认为，我们在生活中要时刻关注内在形象对我们的引导。这是一项长期任务，最普遍的做法便是时刻关注我们的情绪和观念。

荣格心理学中的男性和女性

在荣格心理学中，"女性"和"男性"这两个术语被用来指心灵中能量的原型形式，源于古代和中世纪时期东、西方文化的智慧与传统。古代中国人观察到了世界上阴阳相互作用的现实；炼金术士们谈到厄洛斯和逻各斯的原则，以及日食和月食原则的概念。荣格便是从这些理论中得出了关于女性和男性的说法。

对现代读者来说，重要的是了解荣格学派使用这些术语的范围。荣格学派没有要求人们必须如何表现，也没有规定每个人必须扮演的性别角色。在描述男性原型时，荣格学派不是在说男人；在描述女性原型时，荣格学派不是在说女人。这两种品质都存在于每个人身上。虽然荣格观察到男人通常有一个女性的内在对立面（阿尼玛），女人通常也有一个男性的内在对立面（阿尼姆斯），但每个人都是独立的个体，会对这些特点具有全新而独特的表达。有许多女性在心理上以男性为主，也有许多男性在心理上以女性为主。荣格学派对女性和男性的理解描述了这两种品质在所有人身上的流动规律和表达方式，也被用来探索与我们所处时代的危机息息相关的无意识文化失衡。

对于荣格派来说，男性原型和女性原型具有始终如一的力量，二者在我们体内无意识地运作。我们用阿尼玛和阿尼姆斯来描述本能或精神能量的状态，希望能更好地理解男性原型和女性原型是如何在自我和集体无意识中运作的。阿尼玛和阿尼姆斯是我们试图深入了解体内的力量而使用的隐喻。

男性原型和女性原型都有内在的力量和阴影，都有成熟和退化的形式，都有在认知上极具天赋的某些领域以及完全忽视的某部分现实。当然，两种原型没有谁比谁更好，而两者的健康整合（至少是象征性的）可能是衡量心理健康的标准，偏向其中任一方都可能会导致心理疾病。

TIPS

◆ 阿尼玛和阿尼姆斯——我们内心的异性人物，或表达的与人格、有意识的个性价值观相反的人物。这种内在的形象常常被投射到外部的他人身上，但也可以与个人内在无意识联系起来，作为通往集体无意识的桥梁。

◆ 女性和男性——两种在所有人身上运作的存在模式，并非生理意义上的性别。

荣格之死

⑧

人类的心理防线

人类在将创造物反映给造物主这一方面发挥着作用。

对荣格来说，这不仅是一个哲学概念，而且是一个体现在情感上的愿景。他在1925年访问非洲时，对这一愿景的感受尤为强烈。在那里，他站在阿提平原上，面对巨大的瞪羚、羚羊和斑马群，把他的同伴们抛到后面，凝视着这个世界，就像刚认识这个世界一样。

在那里，意识的宇宙意义对我来说变得无比清晰……人，我，在一个无形的创造行为中，给世界打上了完美的印记，赋予它客观存在的痕迹。这种行为我们通常只归功于造物主……现在我知道了这是什么，而且知道得更多：在完全创造中，人是必不可少的；事实上，他自己就是世界的第二个创造者，只有他让世界客观存在，如果没有这种存在，他就会在几亿年中听不见、看不见，静静地吃东西、生孩子、死去，直到未知的尽头。人类的意识创造了客观存在和意义，人类在伟大的存在过程中找到了自己不可或缺的位置。[1]

荣格认为，人类在神性戏剧中具有深刻的地位。他认为造物主需要人类，而人类也需要造物主，每一方的发展都需要另一方来推进。虽然将人类置于神性戏剧中对某些人来说是一个具有挑战性的概念，但它为我们的意识和道德行为提供了动力。我们有意识迈出的每一步，都是在将宇宙的阴影带入光明，成为世界范围内的一粒沙。

虽然我们每个人都可以为自己的精神作判定，但我们这个时代的心理问题指向需要考虑荣格的新理解。在我们的时代，我们掌握着近乎神的力量，这是以前任何一代人都没有的。从原子时代开始，我们

1 卡尔·荣格，《荣格自传：回忆·梦·思考》。

189

就掌握了地球的生死大权。做一个比喻，我们在飞往月球的过程中，有史以来首次碰到了"众神"的脸。在看到地球因我们做的一切而发生气候变化时，我们被迫面对我们的文明阴影——我们的主导机制不是在创造生命，而是在毁灭生命。现代人必须发现自己的更深层次的精神生活来源。要做到这一点，他就必须与邪恶斗争，面对自己的阴

◎ 1969年，宇航员在登陆月球时，展示了人类所拥有的非凡力量。在这个时代，荣格呼吁我们面对我们的集体阴影，这比以往任何时候都更加重要。

影，而没有其他选择。我们必须面对自己和我们文化中的邪恶。我们必须承认，我们确实掌握着地球和我们自己的生死大权。如果不承认我们以一种前所未有的方式掌握着近乎神的力量，我们可能会无意识地表现出这些力量的阴影面，造成可怕的后果。"世界悬于一线，而这根线就是人类的心理……我们就是巨大的危险。"

最后的年岁

　　1939年9月，弗洛伊德在伦敦去世，荣格在他的余生承认并赞扬弗洛伊德对西方思想的贡献。托妮·沃尔夫于1953年3月去世。1955年，艾玛·荣格去世，荣格为她立了一座纪念碑。这两位女性的离世改变了荣格的晚年生活。从这时起，他的孩子们到库斯纳赫特的房子里陪伴他一起生活。1961年6月6日，卡尔·古斯塔夫·荣格在其家中去世，享年86岁。

TIPS

◆ 客观存在和意义——人，我，在一个无形的创造行为中，给世界打上了完美的印记，赋予它客观存在的痕迹。人类的意识创造了客观存在和意义，人类在伟大的存在过程中找到了自己不可或缺的位置。

附 录

荣格心理学机构指南

荣格社区

正如引言中所提，荣格社区是一个世界性的、有机增长的组织。荣格心理学理论能够保持生机，不仅得益于分析师、心理治疗师和他们的病人，而且还得到一个广泛的组织网络、学者、艺术家、作家、商人、神学家、科学家和其他人的支持。它包括数以百万计的读者，不仅是荣格的作品的读者，还有许多有影响力的作家的读者，他们在以自己的方式推进荣格心理学思想。这个大家庭的范围太广，难以描述，但有几个正在发展的组织是当今荣格社区的中心。（如有我们错过的任何团体，在此提前道歉。）

这个生态系统的主心骨是世界各地的荣格学院。荣格学院提供临床培训，将现代心理治疗方法与传统的荣格心理分析法进行深度结合。除了心理学课程，接受培训的分析师在开始课程之前需要共同完成100小时的分析工作，并在课程期间独立完成另外300小时的分析工作。因为他们既在自身工作中完成了广泛的个人分析，又接受了优秀的心理学教育，了解流程，所以他们在生活上对无意识有一种熟悉感。这种熟悉感也让他们能够帮助那些在类似的旅途中不断冒险的人。

国际分析心理学协会（IAAP）是荣格心理学分析师的组织机构，总部设在苏黎世，每年举办一次年度大会，在58个国家有协会或附属机构。IAAP网站列出了拥有这一机构的国家和地区，包括南非、日本、韩国、澳大利亚、委内瑞拉、墨西哥、巴西、阿根廷、美国、加拿大和整个欧洲。

位于苏黎世的原荣格学院仍然是荣格社区的主要中心，为临床医生和普通公众提供课程。荣格·冯·弗兰茨中心也在那里。

在纽约、波士顿、洛杉矶、旧金山、芝加哥、达拉斯和匹兹堡都有提供分析培训的荣格学院，在美国、英国、德国、加拿大、以色列、法国、墨西哥和巴西都有荣格心理学分析师区域间协会。在亚洲、拉丁美洲、中欧和东欧，也有感兴趣的临床医生和其他团体在发展。

荣格家族

除了荣格社区，荣格家族也成立了各种协会和团体，分布在伦敦、纽约和洛杉矶等地。

荣格家族积极宣传荣格留下的作品。美国非营利组织菲利蒙基金会协助该家族从档案中开发新的材料并予以出版。该家族还开放了位于库斯纳赫特的家族住宅，供人预约参观。

荣格世界

太平洋研究生院是荣格世界在北美西海岸的一个主要中心。它在两个位于加州圣巴巴拉附近的校区提供以荣格思想为导向的心理学和相关学科的研究生课程。它提供能让人们广泛参与的公共课程和会议，并且是约瑟夫·坎贝尔、詹姆斯·希尔曼、玛丽亚·金布塔斯和马里昂·伍德曼的档案所在地。

其他以荣格思想为导向的研究生院和课程包括：英国的埃塞克斯大学提供荣格和后荣格研究的硕士学位，加拿大多伦多的新学院提供关于荣格理论的跨学科课程，美国加州赛布鲁克、加州整合大学和索诺玛州立大学提供课程。

学术组织及刊物包括：荣格学术研究会以及《国际荣格研究》杂志。该杂志为国际读者架起了通往荣格研究的专业、临床和学术世界等的桥梁。

一个由优秀的地方组织组成的网络是荣格世界的根基。休斯敦荣格中心长期以来一直是优秀项目的领导者，其协会和团体遍布全球，从圣地亚哥荣格之友到都柏林荣格中心，从南阿拉巴马荣格之友到加拿大不列颠哥伦比亚的科莫克斯谷荣格协会，请查看离你最近的一个！

在荣格世界中还有许多新的基于网络形成的组织。深度心理学联盟是一个大型社区，提供在线讨论、活动和课程。在欧洲，静点空间为公众举办现场活动和在线活动，并为各种心理学领域的临床医生提供转诊服务。荣格在线会向成员推荐那些希望通过现场视频与荣格心理学分析师、治疗师合作的客户，并举办在线讲座和其他活动。在南非，应用荣格研究中心提供线上及线下无障碍课程。荣格档案馆是一所提供混合视频或现场课程以促进个人成长的在线教学机构，其师资包括心理学家和荣格心理学分析师。最后是非常受欢迎的富有洞察力的"荣格派生活"播客，每集都有3位分析师进行对话。